集人文社科之思　刊专业学术之声

集 刊 名：**创新与创业教育研究**

主管单位：**吉林大学**

主办单位：**吉林大学创新创业教育学院**（国家级）

RESEARCH ON INNOVATION AND ENTREPRENEURSHIP EDUCATION

主　编：张金山

副主编：杨婷婷

编　辑：刘　满　徐广平　崔学良

学术委员会成员

陈　劲	清华大学经济管理学院
陈言俊	山东大学创新创业学院
于晓宇	上海大学管理学院
李　政	辽宁大学经济学院
梅　亮	北京大学国家发展研究院
刘泽豪	中国人民大学财政金融学院
尹西明	北京理工大学管理与经济学院
姚毓春	吉林大学经济学院
李雪灵	吉林大学商学与管理学院
王文成	吉林大学经济学院
费宇鹏	吉林大学创新创业教育学院

编　辑：《创新与创业教育研究》集刊编辑部

地　址：吉林省长春市高新区前进大街 2699 号吉林大学鼎新楼 A406 室

投稿信箱：cxcy@jlu.edu.cn

电　话：0431-85167970

2023年第1期 总第1期

集刊序列号：PIJ-2020-410

中国集刊网：www.jikan.com.cn

集刊投约稿平台：www.iedol.cn

创新与创业教育研究

研究

2023 年第 1 期

RESEARCH ON INNOVATION AND
ENTREPRENEURSHIP EDUCATION

张金山·主编

社会科学文献出版社
SOCIAL SCIENCES ACADEMIC PRESS (CHINA)

主编寄语

创新是一个民族进步的灵魂，是一个国家兴旺发达的不竭动力，也是中华民族最深沉的民族禀赋。在激烈的国际竞争中，唯创新者进，唯创新者强，唯创新者胜。创新驱动发展战略是实现高质量发展的重要策略，必须把创新摆在国家发展全局的核心位置，不断推进理论创新、制度创新、科技创新、文化创新等各方面创新，让创新贯穿党和国家一切工作，让创新在全社会蔚然成风。创新是引领发展的第一动力，人才是支撑发展的第一资源，因此创新人才的教育与培养要求我们在人才培养观念、培养视角及教育制度等方面进一步创新。抓创新就是抓发展，谋创新就是谋未来。

党的二十大报告提出："必须坚持科技是第一生产力、人才是第一资源、创新是第一动力，深入实施科教兴国战略、人才强国战略、创新驱动发展战略，开辟发展新领域新赛道，不断塑造发展新动能新优势。"这是党在新时期提出的新要求与新方向。大学生是大众创业、万众创新的主力军，因此推动大学生创新创业教育体系建设、开展相关教学改革探索尤为重要，既有助于保障大学生掌握扎实的创新创业理论知识，也有助于促进大学生具备投身创新创业实践的能力。

面临新需求、新阶段和新考验，教育部门统筹规划，鼓励大学生积极参与"挑战杯"中国大学生创业计划竞赛、"创青春"全国大学生创业大赛、中国国际"互联网+"大学生创新创业大赛等创新创业类竞赛，以及实施国家级大学生创新创业训练计划，促进高等学校转变教育思想观念，改革人才培养模式，强化创新创业能力训练，培养适应创新型国家建设需要的高水平创新人才；增强大学生的创新能力和在创新基础上的创业能力，促使大学生在创新创业中全面发展。广大教育工作者积极开展相关教学改革探索，坚持理论与实践双线并进，切实培养学生的创业意识、创新精神和创造能力，优化专业结构，提高教育质量，巩固落实立德树人根本任务。

　　创新创业实践过程需要新理论、新方法的支撑，需要理论与实践的充分对话；同时，应当适应时代发展态势，逐步衍生出新模式、新方案。响应国家创新驱动发展战略的发展方向，依托大变局、大调整的时代背景，《创新与创业教育研究》集刊将聚焦创新创业领域前瞻性的研究与见解，传播有价值、有意义的理论与方法，对科学研究者的研究工作进行引导与帮助。

　　《创新与创业教育研究》是创新与创业教育研究领域学者进行学术交流的载体和平台，期望能与各位同仁感知使命、砥砺前行，共造创新与创业教育领域科学研究的繁荣之态。

张金山

2022 年 10 月 23 日于吉林大学

目　　录

◎产教融合◎

CONTENTS

◎Innovation and Entrepreneurship Practice◎

◎Integration of Industry and Education◎

基于交叉学科交流的创新创业人才培养体系

——以清华大学探臻科技评论为例

陈　劲　张可人

【摘　　要】一方面，当今世界科技前沿全面延展，新兴技术给大众带来了更加巨大的想象空间，从衣食住行乐等方面推动了社会的发展；另一方面，大国博弈和极端气候带来了供应链的不稳定，各国都对可控技术产业链提出了更高的要求。高校作为青年人才的聚集地，承担着输出创新创业成果的功能，在新时代的科技发展中起到了关键作用。为了培养更具创新能力和创业精神的青年才俊，清华大学成立"探臻科技评论"，通过聚集科技青年、产业界领军人物和科学家，形成了产学研融合的科技创新创业生态。本文对这个组织进行了研究，分析了在高校环境下，营造科技创新创业氛围的新模式，并对从 0 到 1、从 1 到 100 和从 100 到 n 的创新创业过程进行了追踪，提出了高校科技创新创业生态的建设范式、创新创业人才培养的新体系。

【关 键 词】交叉学科　创新创业　人才培养　探臻科技评论

【基金项目】清华大学文科建设"双高"计划项目"科技自立自强背景下高校原始创新能力提升研究"（2021TSG08302）。

【作者简介】陈劲，男，浙江余姚人，清华大学经济管理学院创新创业与战略系教授，博士研究生导师，教育部"长江学者"特聘教授，清华大学技术创新研究中心主任，研究方向为技术创新管理。张可人，男，浙江宁波人，清华大学经济管理学院创新创业与战略系博士研究生，清华大学探臻科技评论社创始总编辑兼社长，清华大学校团委创业中心副主任、政治辅导员。

一 引言

当今世界的科技和产业呈现两种趋势：一是世界科技前沿全面延展，2010年起以互联网技术为基础的信息革命已经基本结束，我们已进入下一次商业革命爆发的科技积累阶段，涌现出以类脑科技、大规模预训练、云原生、低代码平台、脑磁体、可控核聚变、氢燃料、石墨烯电池等为代表的新兴技术；二是全球化与逆全球化趋势并进，大国博弈带来了产业链与供应链重组，尤其是对于复杂、多样的科技产业链，各国都在追求从设计到生产制造的全过程"可控"，并希望能够在产业变革迭代中获取更大的份额。因此，从国内到国外，从中央到基层，社会不仅对新兴技术寄予了很高的期待，也对产业链自主可控提出了更高的要求。

然而，无论是前沿科技突破还是自主产业升级，都需要大批的创新骨干和创业人才。2021 年 9 月，习近平总书记在中央人才工作会议上发表重要讲话，把科技人才工作摆在国家人才发展全局的核心位置进行战略谋划。包括"要打造大批一流科技领军人才和创新团队，发挥国家实验室、国家科研机构、高水平研究型大学、科技领军企业的国家队作用，围绕国家重点领域、重点产业，组织产学研协同攻关""要大力培养使用战略科学家""要调动好高校和企业两个积极性，实现产学研深度融合"等。

这种背景下，高校作为青年科技人才的聚集地，受到了格外多的关注。这些关注带来了机遇，也带来了挑战。尽管近年来我国在科技成果和科技产出方面都有非常突出的表现，但部分成果和专利在"是否有用""可以怎么用"方面受到了质疑。一方面，从高校角度来看，受制于科技成果评价机制、科研人员职称评审机制，现有科研体系仍然过分看重项目数量、论文发表数量和专利申请数量等指标，短期化和个体化的趋势比较明显，缺少激励科技成果转化和创新创业相关的体系。因此，当前的大部分科技成果无法通过转化来服务创新创业企业，青年科技人才也没有足够的精力投入技术的商业化过程，导致科技企业只能转化一般性的、已经非常成熟的技术，从结果来看，现行的主流机制很难满足快速迭代的市场需求。另一方面，从企业角度来看，除了华为、宁德时代等世界一流企业具备内部闭环的科技创新路径外，绝大部分企业无法准确发现、深度挖掘和转化原创性强、面向未来的技术。大部分企业很难找到合适的人才来有效加速创新过程，同时也缺乏承担失败结果的资金。尽管我国高等教育在新时期取得了一系列成果，然而在传统的知识传授和课堂教学之外，学生潜能、创新能力和实践能力的培养仍有待加强。因此，我国高等教育的创新创业人才培养模式亟待创新。在这种背景下，通过产学研融合的方式对接科技人才和企业需求的模式被提出，清华大学的研究生创办了探臻科技评论，旨在面向世界前沿科技和国家重大技术需求进行有组织的科技交流，依托平台、活动和顾问委员会形成产学研融合的创新创业生态，打造多学科交叉、多平台协同的创新创业人才培养体系。本文将重点讨论以清华大学探臻科技评论为例的创新创业人才培养体系新范式。

二 文献回顾

（一）创新创业人才培养理念

综观全球创新人才培养，各个国家都在理论基础和培养理念方面做着积极探索。20 世纪 50 年代，美国心理学家吉尔福特（J. Guilford）把富有创造性的人的人格特点总结为八个方面：有高度的自觉性和独立性；有旺盛的求知欲；有强烈的好奇心；知识面广，善于观察；工作讲求理性、准确性与严格性；有丰富的想象力；富有幽默感；意志品质出众。[1] 英国大学教育的目标是培养绅士型领袖和学者。19 世纪的教育家纽曼认为，绅士型领袖和学者就是"学会思考、推理、比较、辨别和分析，情趣高雅，判断力强，视野开阔的人"。德国大学受洪堡的"完人"与雅斯贝尔斯的"全人"教育理念影响，注重完善学生的人格个性，培养学生的创造性、主动性，注重培养全面发展的学术人才与高级专门人才。

回顾我国创新人才培养理念的发展历程，诸多学者和教育家为此做出了积极探索。早在 1919 年，教育家陶行知先生在《第一流教育家》中就明确提出："要培养具有创新精神的人。"何谓创新人才？刘宝存认为"创新人才是具有创新意识、创新精神、创新思维、创新能力并能够取得创新成果的人才"[2]。冷余生认为创新人才是指具有创新精神和创造能力的人，他们是相对于不思创造、缺乏创造能力的比较保守的人而言的。[3] 吴松强提出，所谓创新人才，就是具有创新意识、创新精神，并能够通过相应的创新能力取得创新成果的人才。从社会意义上讲，就是指在某一领域、某一行业以科学探究态度不断实现自我创新和超越，为社会发展做出创新贡献的人才。[4]

综合以上观点可以看出，国内外对创新人才的界定都强调创新人才必须具有创造性、创新意识、创新精神、创新能力等素质。

（二）依托高校科技成果的创新创业

长期来看，对基础科学和大学的投入可以促进经济增长，并带来高质量就业。[5] 短期来看，社会对高校的投入很难用简单的线性模型去衡量，因为高校在知识经济中扮演的角色是复杂的[6]，并且科学对社会的影响还包括知识流动和对学生的教育方面。

许多学者对剑桥大学周围存在的大量高科技创业公司和创业集群进行了研究，将这种现象叫作剑桥现象。[7] 与员工、客户和供应商相比，大学在企业创新中处于相对底层的位置，然而大学可能是更加彻底和更具颠覆性的创新的来源。[8] 大学更关注研究问题，而企业更关注商业问题。产学研融合是管理科学与技术创新领域的重要话题。李纪珍等发现来自高校的创业企业的成长会从科研网络向产业网络跨越，以学者为主的创业者会存在"身份转换劣势"。[9] 从企业角度来看，许多的创新想法来源于供应商和顾客，这些想法能很快地被应用到产品中去。那么，与高校合作或依托高校科技成果孵化的企业能从长期合作中获得什么是一个非常值得讨论的话题。比较受重视的讨论是，企业管理者在新想法面前应该利用与高校的合作动态地寻找和应用新知识、新技术和新工具。

创新创业型企业大部分是规模较小的公司，并受到资源环境的限制。因此，创业者的社会资本和关系网络对创业公司的发展具有至关重要的作用[10]。此外，创始人的经历和资源会改变公司的关系网络类型，并且这种改变会进一步影响公司需要的资源。在许多产学研交流较多的领域，这类公司提高自身在行业内的知名度和认可度需要和大学或科研机构的科学家们建立正向联系[11]，同时许多高精尖产品的研发需要多层次、多类型的公司合作完成，而这需要创始人之间建立合作关系。基于科学研究核心能力的团队不一定要在高技术部门中产生，也可以从低技术和服务行业中产生。因此，新的小型公司可以从科学中汲取创意，通过和高校或者科研机构合作，依靠技术和知识来创新。

三　世界一流大学创新创业教育实践

在创新创业的发展过程中，实践领域比理论领域显得更为积极，各国都出台了一系列的创新创业人才支持政策。例如，美国的"2061计划"提出要培养具有创新精神的跨世纪人才，美国的高校长期注意与工业界密切合作来建立各种研究中心以培养创新创业人才；英国政府启动了"高等教育创新基金"，该项基金与高等教育及企业和社区联系基金相结合，支持在大学周围建立各种科技网络群。

国内除了出台各类创新创业的鼓励性政策以外，还出台了一系列鼓励产学研融合的政策。例如，《国务院办公厅关于完善科技成果评价机制的指导意见》围绕科技成果"评什么""谁来评""怎么评""怎么用"完善评价机制，做出明确工作安排部署，旨在充分发挥好评价的指挥棒作用，促进高质量成果产出与应用；《教育部办公厅关于公布首批高等学校科技成果转化和技术转移基地认定名单的通知》，认定依托清华大学等22个中央所属高校的基地、首都师范大学等25个地方高校的基地为首批高等学校科技成果转化和技术转移基地。

在鼓励创新创业的环境下，中美两国作为综合实力最强的国家，分别造就了一批引领潮流的高校，本文将重点研究美国麻省理工学院和中国清华大学在创新创业人才培养体系上的具体实践和相关经验。

（一）美国麻省理工学院

1. 开展多层次、多种类的创新创业比赛

开展麻省理工学院10万美元创业大赛（MIT＄100K Entrepreneurship

Competition），将人才、技术、创意等进行转化并成立相关公司进行商业化，对创业团队给予资金、商业计划、媒体宣传等方面的支持，并给予 10 万美元的奖金。开展麻省理工学院沙箱创新基金计划（MIT Sandbox Innovation Fund Program），为想要创业的学生提供 25000 美元的资金支持，并提供相应指导。开展从麻省理工学院起航计划（Start MIT），通过举办研讨会和讲座等形式，让学生感受企业文化和创业过程，激发创业热情。[12]

2. 提供人才能力培养支持

开展"MIT 国际科学与技术计划"，安排学生到全球各地的公司或实验室，并使之在学习 STEM 课程和开展创业实践的过程中提升国际交流能力和跨文化交际能力。同时，鼓励教职工带领学生参加国际合作项目，提升科研合作能力。开展"D-Lab 计划"，先通过课程教授学生工程设计的原理和应用，再通过组建跨学科团队完成创新实践，并在全过程中提供指导支持。与此同时，麻省理工学院也开展了领导力培养相关的项目和开设了灵活自由的学术课程，以便提升创新创业人才的商业化能力和技术能力，有志于创新创业的青年可以根据自己的需求选择必要的课程。

3. 提供创客空间

麻省理工学院在校园内拥有超过 130000 平方英尺的创客空间（project space），用于支持各类项目，为创新创业项目提供活动空间、会议室和办公场地，同时也为有需要的项目提供必要的实验场地。这一空间除了传统的创新创业活动之外还会引入与学生生活息息相关的课余活动，让更多的人在课业之外走进其中。绝大部分的在校学生会选择一到两个感兴趣的项目加入，并围绕该项目进行一系列的学习、实践，这些原始的创客项目为后续的创新创业提供了宝贵的支持。

（二）中国清华大学

1. 提供丰富的创新创业课程和活动

开设了种类多样、形式丰富的创新创业课程，共计有 10 余门创新创业课程。另外，有 34 个科创类社团建设的品牌活动，按活动特点分为四个类型：兴趣/学科社团类，如清华大学学生未来互联网与计算兴趣团队组织的线下讲座，开阔创业青年的视野；课程类，如经管学院开设的"创业机会识别和商业计划"，汇聚来自各专业的学生，共同学习创业的基础知识并有限程度地进行实践；双创类，如创客空间与清创汇智合作举办的"清创汇智创新创业系列课"，进行股权知识、法务知识和比赛知识的科普；计划类，如清华大学学生职业发展指导中心开展的"coach 计划"，为创新创业人才提供关于职业发展规划的建议。

2. 创建校园孵化器

建立了与政府、投资界合力打造的高校创业服务平台清华创+，借助公益性和商业性结合的投资方式，吸引社会主体主动参与，形成了种子项目库、创业人才库等资源体系，以及联系创业者、创业公司、创投机构、高校与地方政府的生态。同时，清华 x-lab 在成立后，凭借经管学院在商业和资源整合方面的优势，形成了创业课程、创业培训、赛事辅导和投资对接等环节的闭环，为创业过程加速提供了有力支持。

3. 设立学科兴趣团队

建立了以培养学生科研兴趣和探索精神为出发点的科技创新类研究与交流团队，涵盖电子信息、能源环境、先进制造、医疗健康等 21 个具体方向，每个团队都由学生自主管理，实施社团化运营的理事长制度，通过课题立项的形式每年通过官方渠道申请一个开放式的研究和交流空间，为各类科创赛事、创业项目提供后备人才支持。

（三）麻省理工学院与清华大学的比较

1. 素养方面

创新创业需要具备的素养包括领导能力、创新能力、洞察能力、决策能力、执行能力、决策能力等。麻省理工学院和清华大学都为学生提供了各类课程和素养提升项目，其中麻省理工学院的项目更加重视国际化和领导力，提供了更多的国际化项目和资源。清华大学的项目在跨区域、跨文化等方面则稍显落后。在创新能力方面，麻省理工学院更注重学生的批评性思维形成，而清华大学的课程则更多地侧重于从已有技术到商业产品的转化过程。

2．比赛方面

麻省理工学院和清华大学都组织了许多创新创业比赛，这些比赛为学生创新创业能力的培养提供了支持。但在比赛之后的推广方面，麻省理工学院通过《麻省理工科技评论》等媒体向社会宣传，并汇聚校友资源对有价值的创新创业项目给予支持；清华大学虽然也建立了校友支持体系，但缺少广泛的宣传渠道，资源整合和聚集的能力稍弱。

3．实践与交流方面

麻省理工学院设立的项目让许多学生走出校园，参与到企业的研发、运营过程中，并鼓励教师研究企业的技术难题，让教师带领学生共同参与技术攻关和商业运营。而清华大学等国内高校受到科技成果转化评价指标的影响，在技术商业化和科研成果有效转化等方面做得有所欠缺，也造成了部分课题组、个人注重论文和专利指标，忽略了参与社会创新创业的过程。

四　产学研融合的创新创业新范式

（一）建立探臻科技评论的原因

在新一轮技术革命的科技积累期，随着硬科技创新逐渐取代模式创新成为创业的主旋律，学科交叉成为知识创新、科学发展和有意义创业的时代特征：新一代信息技术与生物、材料、能源等传统技术融合发展，具有整体性、普遍性、复杂性等特征，而要解决技术融合发展过程中存在的问题，就需要从整体的角度思考。打破不同学科之间的壁垒，促进学科交叉融合，综合运用不同学科的思维方式、研究方法，有利于解决复杂的综合性问题，是实现科学研究与人才培养创新发展的必然趋势。一方面，对于国家重大技术需求，应该突破"卡脖子"技术，坚持独立自主的技术路线，构建稳定、可靠和安全的科技产业链；另一方面，对于世界前沿技术，应该勇于探索，在新兴领域实现更多的原创性突破，通过颠覆性创新为世界一流企业的成长提供有力支持。高校，责无旁贷地成为创新创业人才培养的主战场。

然而，传统管理体制及"单科制"组织体系的"惯性"，使我国大学交叉学科建设与拔尖创新创业人才培养面临困境。这种困境主要体现在以下三个方面。一是缺乏横向互动，即交叉学科交流。学生群体的学术交流范围往往在同专业之内，甚至仅局限于课题组内成员之间。对其他院系的科研动态不甚了解，"不知道别人在做什么""看不懂别人在做什么"成为同学们普遍反映的问题。然而，现代科学呈现协同发展、一体进步的趋势，其他专业的突破往往会给本专业带来新的发展机遇，甚至开辟出新的细分领域。因此，朋辈之间的交流可以让大家更生动地理解其他学科的科研成果，从不同的专业角度分析同一问题，提高思维广度，增加思考问题的视角，从不同知识体系的碰撞中产生新的灵感。二是缺乏纵向互动，即领域内自上而下的信息渠道不够畅通。很多学生在刚开始一个新兴领域课题的时候，仅仅局限于做好自己分内的事情，对于这个领域前沿的动态、脉络和发展趋势不甚了解。在这种情况下，大家选择创新创业痛点往往不够成熟，导致中途做不下去或者临时换题目等情况。因此，在青年走上创新创业道路之初，邀请各领域领军人物和科学家提供准确、生动的信息就显得尤为重要。三是缺乏产业敏感性，由于缺乏与产业界、商业界关于实际需求的交流，创新创业青年很容易陷入在校埋头苦干、闭门造车的状况，导致产业需求与科研成果供给之间产生巨大的脱节。在这种情况下，参与企业走访、业界专家分享、创业实务讲堂等活动，或者直接以实习的形式加入科技创新项目十分重要，有助于增强青年对实业产业的理解，促进以问题导向的思维做研究、做创新。

在这种背景下，清华大学探臻科技评论由清华大学青年学生自主创办，面向世界前沿科技和国家重大技术需求，建设了以顾问委员会、青年人才库为依托的科技创新生态，通过新媒体平台和纸质期刊传递青年科技声音，通过峰会、论坛、微沙龙等产学研活动形成领军学者、企业家与青年互动机制，通过科技创新社群形成常态化的科技交流网络。

（二）创新创业人才培养体系的构建

探臻科技评论主要由编辑部、顾问委员会和社群组成，职能方面设置了综合事务组、宣传平台组、采编审稿组、联动联络组等（如图1所示）。

首先，编辑部每周组织选题交流会，提出热点科技话题列表。其次，社群理事会根据热点科技话题，给对应社群分配任务，举办相关微沙龙、讲堂和论

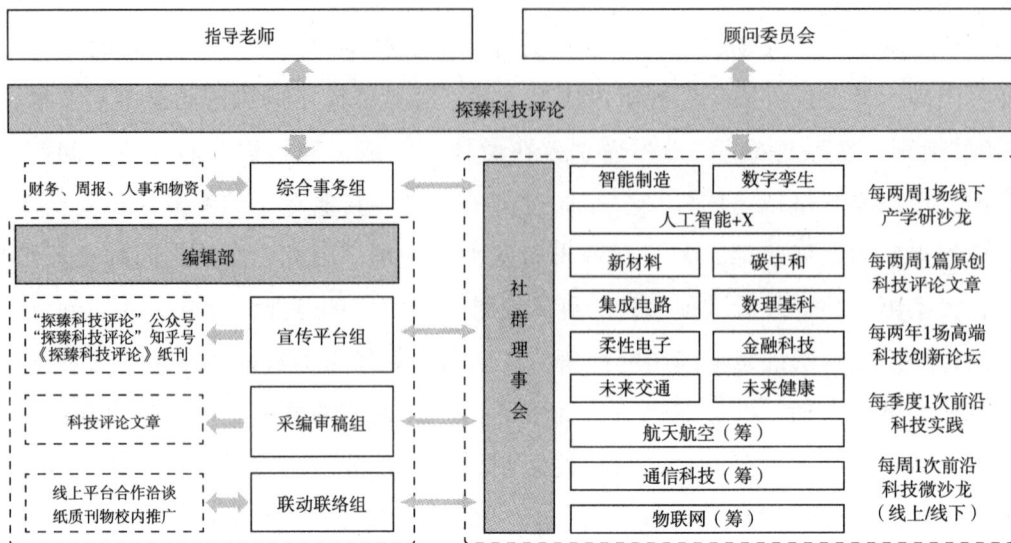

图 1　探臻科技评论运行架构

坛等活动，组织相关专业的同学进行科技交流；编辑部跟踪活动举办过程中的创新创业观点，通过邀稿、组稿、采编形成科技评论文章。最后，通过期刊和公众号等新媒体平台持续吸引研究潜质强的青年加入，定期地分别向顾问委员会委员汇报工作情况。其中，每个社群每两周开展 1 场线下产学研沙龙，每两周发布 1 篇原创科技评论文章，每两年举办 1 场高端科技创新论坛，每季度开展 1 次前沿科技实践，每周举行 1 次前沿科技微沙龙。

如图 2 所示，探臻科技评论以社群为核心，吸引了一大批顶尖的学者、企业和青年加入，同时引入了清华大学校内多源渠道的科技创新创业资源，由探臻科技评论职能小组进行管理。社群通过科技创新论坛、讲堂的形式邀请行业领军人物为青年指引方向，使之进行世界前沿科技和产业的学习；通过微沙龙的形式引导青年之间进行有组织的交叉学科交流，碰撞技术创意。随后，通过高新科技创新创业的实践，使青年了解产业前景和科技落地瓶颈，鼓励青年进行自主创新创业，并为创新创业项目提供奖金形式的支持。在此过程中，产业顾问、学术顾问和地方政府为青年的有组织科研提供指导和支持。创新创业相关的成果可以通过公众号、知乎号和期刊等媒体平台进行宣传，持续吸引优秀的青年人才加入。

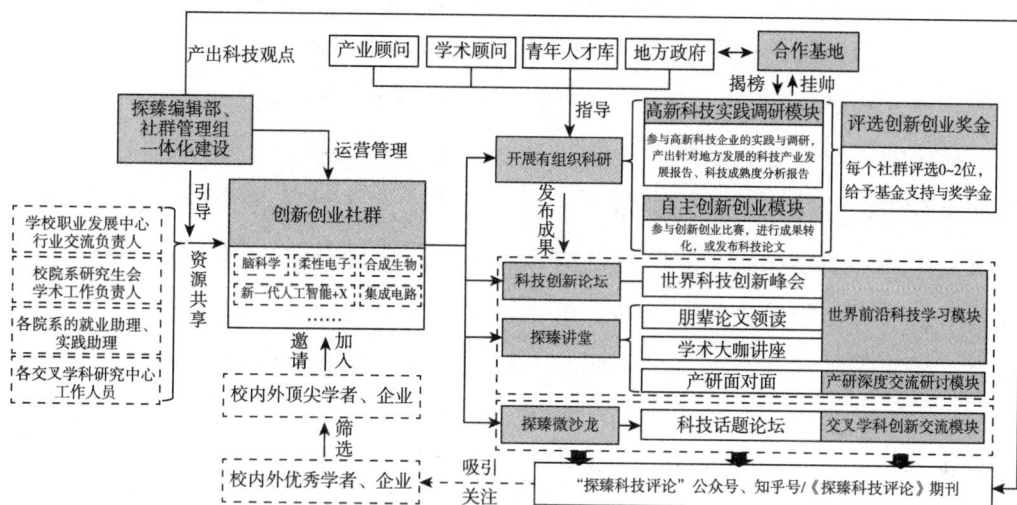

图 2　创新创业人才培养体系动态框架

（三）新模式的优势

1. 学术与产业界领军人物引领青年成长

探臻科技评论邀请学术界顶级专家、资深教授、青年学者为学生提供学术上的指导；邀请企业界拥有自主知识产权、雄厚资金实力，在新兴领域具有发展优势的企业参与，多层次、全领域地搭建创新创业社群。这些领军人物共同组成了覆盖人工智能、量子计算、新材料、健康医疗、新能源等领域的顾问委员会，为产学研融合提供技术指导和资源支持。顾问们通过科技创新峰会与青年近距离交流，并通过主旨报告和科技署名文章向青年传递有深度的见解，帮助青年加深对这个领域前沿动态、发展脉络和发展趋势的了解。

2. 交叉学科的青年微沙龙交流带来技术创意碰撞

依托微沙龙的组织形式，每个人都可以从其他领域的研究思路中获取新的灵感，也可以基于成员知识储备的互补展开跨领域前沿问题的探究，形成更有价值的集体成果。同时，微沙龙的组织形式多样、时间灵活且轻量化，参与讨论的成员可以根据讨论的主题调整交流的深度与广度，技术创意碰撞的概率大幅度提高。微沙龙可以鼓励成员围绕社会发展前沿问题的某个具体案例，形成较为长期的跨专业合作小组。通过成员间的知识补充、灵感激发形成系统的研究思路，构建完整的合作团队，通过发表研究论文的形式研究问题、通过制定项目方案的形式解决问题。这也为创新创业团队的组建提供了不一样的思路。

3. 通过社群汇聚人才，加速构建创新创业人才网络

社群的成员主要来自申请—审核和定向邀请。10 余个社群覆盖数千名创新创业潜质强的青年，其中有相当比例的成员有志于从事技术领域相关工作，会自主地加入职能小组，参与社群的运维工作，这种自主性加速了创新创业人才网络的形成。随着时间的推移，越来越多的青年离开校园，走向产业界和科技界，形成了更加多元的网络。同时，社群运维的管理成员因为网络价值的提升而进一步受到鼓舞，投入更多的精力。

4. 利用媒体构建宣传矩阵，营造技术创新创业氛围

探臻科技交流平台每天发布一篇科技评论文章、每周一场微沙龙活动、每月发布一个科普短视频、每季度发布一期纸刊，都通过媒体平台进行整合。这些科技内容有来自院士、教授的前沿科技解读，有来自产业领军人物的观察，也有来自青年的前沿灵感，多维度、多领域、多视角的科技观点为创新创业的氛围营造提供了有力支持。这些科技内容在新一代信息平台的支撑下，将进一步地精准扩散，影响力逐渐扩散到整个清华大学并向外扩散，吸引来自全国各地、各行各业的创新创业工作者，从而实现创新创业生态规模的持续扩大。

（四）创新链与产业链融合的创新创业范式

探臻科技评论通过融媒体矩阵营造了创新创业氛围，并通过顾问委员联系了广泛的技术和产业资源，社群也提供了创新创业人才网络，这些都是创新创业的基础。

本文提出了基于探臻科技评论模式的三阶段创新创业范式（如图 3 所示）。

第一阶段是学习和交流阶段，青年加入社群，学习前沿理论，了解科技和产业现状，通过创新活动和微沙龙不断完善自己的科技思维。

第二阶段是实验和实践阶段，青年参与产业端和实验室的实地实验，在前辈的指导下进行有组织的科技学习和研究。

第三阶段是成果产出阶段，青年产出创新应用成果，并启动创新创业项目，通过探臻科技评论的新媒体平台进行宣传。

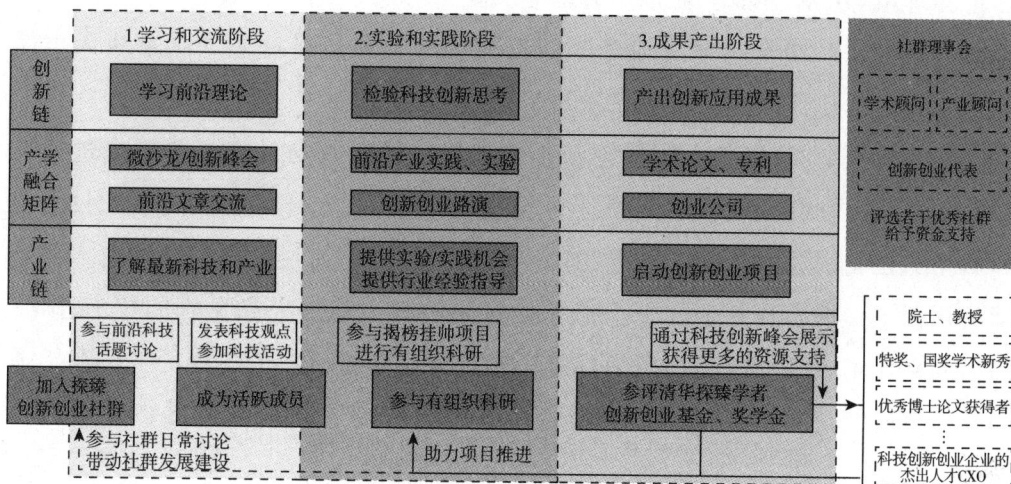

图 3　创新链与产业链融合的创新创业范式

创新创业社群在上述三个阶段将会向各类创新项目和创业企业输送具有交叉学科思维的技术人才，这些青年也将借助创新创业社群的网络加速创新过程。

对于活跃的成员，邀请他们参加更多优质活动，并提供企业管理、财税咨询、文化交流、创业辅助等全方位一站式的服务，联系顾问为之提供资金和资源支持，利用新媒体平台进行宣传，吸引更多的青年参与。

对于优秀的创新项目，社群将推荐至科技论坛、峰会进行宣传，由产业顾问和科学家提供后续的指导和支持。

对于优秀的创新创业企业，对接有商业化意向的科研转化成果，以项目孵化或外部合作方式推进成果产业化。企业在这一过程中提供必要的资金和资源支持，在社群人才网络中招募骨干，共同进行人才培养和科技研发。

五　典型案例分析

（一）从 0 到 1 的创新创业：弘润清源

弘润清源成立于 2020 年 6 月，专注于新材料研发平台和新材料空气集水场景应用。以石墨烯基复合吸湿材料等为主要研发方向，开发空气集水和界面热材料应用等产品管线。弘润清源联合创始人林腾宇是清华大学机械工程系博士，曾获得"2020 年清华大学学生年度人物"称号，目标是"为解决人类净饮水障碍而奋斗，以中国智慧解决世界难题"。

林腾宇在 2020 年加入探臻创新创业社群，他加入的目的是希望通过社群来拓展自身的创新创业人才网络，并通过各类前沿活动不断扩展自己的技术边界和拓宽公司的业务范围。创业的第一阶段，林腾宇通过社群的微沙龙、讲堂活动认识了一批来自各个院系、在新材料领域有一定成果和见解的技术青年。随后的一年里大家一起阅读前沿科技论文，讨论新型材料的发展趋势，在导师曲良体教授的指导下，开发了产品原型并进行了商业化。创业逐步进入第二阶段。

2021 年底，清华大学进行了研究生特等奖学金的评选，来自计算机科学与技术系的关超宇获评。关超宇在自动机器学习领域展开纵深立体化研究，从学术研究、学术竞赛以及学术开源三个方面推动自动机器学习的算法性能、可靠性和泛化性的发展，在一次人工智能微沙龙活动后加入探臻创新创业社群。此时的关超宇正在寻求自动机器学习在高通量筛选、小样本预测方面的应用场景，并通过《探臻科技评论》发表了署名文章《自动机器学习的机遇与挑战》。2022 年初，通过一次产学研微沙龙，林腾宇和关超宇达成了共识：自动机器学习在新材料、合成生物学等领域有巨大想象空间。与此同时，时任合成生物学社群负责人、来自化工系的林广源也意识到了新材料领域未来的发展前景，通过社群联系了林腾宇团队。

此后，关超宇、林广源和林腾宇共同进行自动机器学习、深度人工智能在新材料结构和合成生物学领域的实验验证，同时通过社群不断发布人才招募通知，吸引创新创业潜质强的青年加入。弘润清源围绕功能材料开展产品开发。吸湿功能复合材料通过可逆的吸湿-脱湿变化可以在低于 100℃ 范围内自发进行热管理。高性能相变材料可以应用于农业土壤养护、光伏散热、锂电散热、半导体散热、人体热管理等领域。除了空气集水产品外，弘润清源未来还会就功能新材料做纵向和横向的应用开发。抓住界面热材料在吸附过程中的焓变能这一技术核心，研发基于功能材料涂层的自适应人体热管理被动控温服饰。随着全球气候变暖，户外局域高温愈加明显，据统计户外高温工作人群高达 3 亿人，该产品能够通过辐射制冷和相变控温结合的方式，使人体温度持续处于低温状态。随着团队的扩大，产业成熟度提高，用户数量和质量也有所提升。创业逐渐进入第三阶段。在产品逐渐稳定之后，弘润清源参加了各种创新创业赛事并在众多赛事中获得佳绩，从而连续获得多轮融资。

（二）硬科技校友企业的产学融合：梅卡曼德机器人

梅卡曼德由清华大学海归团队创办于 2016 年，入选国家级专精特新"小巨人"企业名单，已获得众多头部资本机构的多轮支持，是"AI+工业机器人"领域全球规模最大、发展最快、融资额最高的创新企业之一。梅卡曼德CEO 邵天兰于 2021 年初成为社群顾问，并计划每年捐赠 20 万元用于支持人工智能、智能制造社群的发展。随后，人工智能社群和智能制造社群举办数十次微沙龙、讲堂活动，聘请和邀请了十数位来自学术界、产业界的嘉宾为青年人才介绍行业前沿情况。其中，2022 年与其他校内创新创业组织合作邀请邵天兰返校演讲，并通过线上线下结合的形式发布人才招募通知。某航院高年级博士研究生在演讲结束后回到实验室，认真学习梅卡曼德现有的产品技术并提出了针对部分细节的改进手段。某计算机科学与技术系低年级直博生受到梅卡曼德成功经验的激励，拟在 3D 点云压缩这一新兴领域尝试创新创业，并期待与梅卡曼德建立合作。

（三）支持"卡脖子"技术的国产化替代：华大九天

自 2018 年中美贸易摩擦发生以来，国产 EDA 就受到了社会广泛的关注。EDA 技术是集成电路领域的核心，利用信息化手段完成集成电路设计、仿真、验证等流程。而这一领域几乎被美国的三大巨头垄断，国产 EDA 的市场份额不到10%，这是一个需要复合型人才的行业，涉及图形学、计算数学、微电子学、拓扑逻辑学、材料学，甚至人工智能等技术，从集成电路的设计到制造，再到封测，都离不开 EDA 工具的支持。

2021 年 4 月，探臻科技评论举办集成电路论坛，特别邀请了国内外知名院士、教授和领军企业代表参加。郝跃院士在名为《谈微电子科技的创新与发展》的主旨报告中回顾了微电子技术的发展历程，阐述了集成电路性能难以持续提升的原因和改进的突破口。李国杰院士以《发展芯片产业要考虑的若干战略性问题》为题做主旨报告。他表示，面对芯片"卡脖子"难题，关键在于坚持底线思维，一方面补齐"短板"，增强技术自给能力，另一方面打造"长板"，发展科技支撑技术，实现芯片产业的长足发展。精密仪器系系主任欧阳证、电子工程系系主任汪玉为华大九天 CTO 吾立峰等颁发集成电路社群顾问聘书。

精密仪器系 2018 级博士研究生张伟豪在此次论坛中荣获最佳论文奖并代表参会学生分享了研究成果发表至《自然》（Nature）正刊的历程，他表示在未来将更致力于科研难题的攻关。中国科学院微电子研究所 2020 级博士研究生李熠在此次论坛中荣获最佳口头报告奖。他表示，此次学术论坛提供了跨学校、跨学科的交流平台，与评委老师、参会同学的深入交流也是不断提高知识能力、促进思维碰撞的过程，今后将继续在科研领域不懈努力。

活动结束之后，华大九天与参会代表开展了微沙龙活动，青年备受鼓舞，有十余位青年学子报名了华大九天 EDA 研发岗位的实习，希望能为 EDA 等"卡脖子"技术的国产化替代做出贡献，华大九天也通过社群持续地发布动态，影响集成电路社群，吸引创新创业潜质强的学生关注该领域。

至今已有超过 20 位研究生和本科生前往华大九天参与研发的实习工作。

六　案例发现

探臻科技评论为高校科技创新创业人才培养体系的建设提供了一种新的思路，在以硬科技创新为主的今天，实施产学研融合的策略对于加速创新能力提升和促进创业成功率提高有重要积极意义。具体而言，在探臻科技评论的这类创新创业人才培养新范式下，有以下几种高效的产学研融合模式。

（一）产学研合作立项

高技术企业可以通过共建科研团队，开展有组织、有目标的科研。具体来说，就是企业端提供必要资源和资金支持，明确项目目标和需求。社群通过科学家网络和青年人才库组建交叉学科的技术团队，共同进行研究。合作的各方通过校友、在校生网络链接，通过赞助、捐助等形式冠名，将传统的外部合作模式部分转化为内部组织合作，提升了资源整合程度。

（二）新兴项目定向孵化

通过科技创新创业社群吸引了一大批技术潜质强的青年，全面对各行业的技术产业链进行研究，筛选有商业化落地前景的技术和有成果转化空间的细分领域，根据创新创业人才网络中青年的特点，定向邀请创新创业企业或者挂靠科研机构成立创新项目。对于这些项目，匹配不占股权的创新创业基金支持，并冠以"探臻学者"的称号，持续进行宣传。

（三）自主创业支持

面向有创新创业意愿的青年学生，提供社群平台，为他们提供人才、资金和专家资源支持。鼓励自主创业的青年人才利用社群吸引和汇聚志同道合的战友，进行持续创新。探臻科技评论也会联系校内外课程资源、专业孵化器、资本机构等为创业者提供集创业教育、培训、实践、孵化和融资于一体的全生命周期支持体系。

七 总结

培养拔尖创新创业人才事关我国未来的长远发展，也是高校当仁不让的责任。清华大学探臻科技评论建立的"探臻 2035"创新创业人才培养体系形成了社群、顾问、媒体、人才库和企业互动的"五位一体"创新创业生态，逐步实现了以跨学科互动、产学研深度融合为理念，在探索创新创业人才培养的道路上做出了一系列生动实践。

参考文献

［1］ Guilford J P. *Traits of Creativity*［M］. New York：Harper & Publisher，1959：142-161.

［2］刘宝存．什么是创新人才？如何培养创新人才？［N］．中国教育报，2006-10-09．

［3］冷余生．论创新人才培养的意义与条件［J］．高等教育研究，2000（1）：50-55．

［4］吴松强．创新人才培养的文献综述及理论阐释［J］．现代教育管理，2010（4）：68-70．

［5］Fagerberg J，Verspagen B. Heading for divergence？Regional growth in Europe reconsidered［J］．*Journal of Common Market Studies*，1996，34（3）：431-448．

［6］Deiaco E，Hughes A，McKelvey M. Universities as strategic actors in the knowledge economy［J］．*Cambridge Journal of Economics*，2012，36（3）：525-541．

［7］Druilhe C，Garnsey E. Emergence and growth of high-tech activity in Cambridge and Grenoble［J］．*Entrepreneurship & Regional Development*，2000，12（2）：163-177．

［8］Belderbos R，Vandenbussche H，Veugelers R. Antidumping duties，undertakings，and foreign direct investment in the EU［J］．*European Economic Review*，2004，48（2）：429-453．

［9］李纪珍，李晓华，陈聪，高旭东．学术创业企业从 0 到 1 的成长［J］．科研管理，2020，41（6）：139-148．

［10］Jones M B，Muthuri F M. Standing biomass and carbon distribution in a papyrus swamp on Lake Naivasha，Kenya［J］．*Journal of Tropical Ecology*，1997，13（3）：347-356．

［11］Bagchi-Sen S，Scully J. Strategies and external relationships of small and medium-sized enterprises in the US agricultural biotechnology sector［J］．*Environment and Planning C：Government and Policy*，2007，25（6）：844-860．

［12］刘堃．麻省理工学院工科创新创业人才培养的经验及启示［J］．创新与创业教育，2021，12（2）：163-169．

Innovation and Entrepreneurship Talent Training System Based on Interdisciplinary Exchanges
—From the Perspective of Tsinghua Tanzhen Technology Review

Chen Jin, Zhang Keren

Abstract: On the one hand, the frontiers of science and technology extend comprehensively. Emerging technologies have brought a richer imagination to the public, promoting the development of society in terms of clothing, food, housing, transportation and entertainment. On the other hand, the game of great powers and extreme climate have brought supply chains unstable. All countries have put forward higher requirements for the technology-controllable industrial chain. As a gathering place for young talents, colleges and universities undertake the function of exporting innovation and entrepreneurship achievements, which play a key role in the development of science and technology in the new era. In order to cultivate young talents with more innovative ability and entrepreneurial spirit, Tsinghua University established Tanzhen Technology Review. By gathering young scientific, technological talents, industry leaders and scientists, it has formed an ecology integrating production, education and research. This paper studies this phenomenon, analyzes the new pattern of creating an atmosphere of technological innovation and entrepreneurship, and traces the process of innovation and enterpreneurship from 0 to 1, from 1 to 100, and from 100 to n. This study proposes a construction paradigm of scientific and technological innovation and entrepreneurship ecology in colleges and universities.

Keywords: Interdisciplinary; Innovation and Entrepreneurship; Talent Training; Tanzhen Technology Review

"三全育人"理念下高校优化社会公益创新创业教育的路径新探

徐同飞

【摘　要】社会公益创新创业教育日益受到关注。从"三全育人"理念出发，结合社会公益创新创业教育的意义，高校应该在课程育人方面构建思创融合式的创新思维培育路径，要有培育学生创新思维的教学意识前提、课堂纪律保障和教师激励体系，可以从求进思维、求本思维、求变思维三个方面对创新思维做出具体的解构和建构。此外，高校应该在实践育人方面构建社会公益创新创业组织的育人路径，把校内、国内和国际的社会公益创新创业组织资源融入大学生的社会公益创新创业教育中。

【关 键 词】三全育人　思创融合　创新创业教育　创新思维　公益创业

"三全育人"指的是全员育人、全过程育人、全方位育人，已在当下的国内高等教育界得到广泛的熟知和应用。"三全育人"理念更是能够对国内创新创业教育的深化改革发挥出直接而显著的引领价值。[1] 整体来说，创业可以分为商业创业和公益创业。"公益创业"对应的英文是"social entrepreneurship"，也被译为"社会创业"和"社会公益创业"。"公益创业"的译法更容易被公众所理解，"社会创业"更能体现其公益属性，而"社会公益创业"的译法结合了两者的优点。对于高校的创新创业教育来说，也可以整体分为商业权益创新创业教育和社会公益创新创业教育。

【作者简介】徐同飞，男，江苏连云港人，上海对外经贸大学金融管理学院专职辅导员、讲师，研究方向为思想政治教育、创新创业教育。

一　社会公益创新创业教育的意义

教育的根本任务是立德树人，要立起学生的理想信念和道德情怀，要传授知识和技能，栽培综合发展的人。创新创业教育是教育的重要一环。当下，课程建设提倡要思政，也要尝试思创。从创新创业的"三全育人"理念出发，思政课教师也是创新创业知识的传授者，思政课程也是能够承担训练学生创新思维任务的重要课程。不管是商业权益创业教育还是社会公益创业教育，都强调创新的属性。时代的质变性发展需要更多具备创新能力的人才。

2021年12月，在全国高校思想政治工作会议召开五周年之际，教育部宣布高校思政课教师5年增加6万人，而且高学历、年轻化已成为思政课教师队伍发展的新状态。[2] 党和国家对思政教育的重视程度始终有增无减。新时代下，要守好思政课程的育人之基，也要学会挖掘思政课程的多元育人价值，让思政课程更具活力和吸引力。理直气壮办好思政课，守正创新讲好思政课，已经成为教育界的广泛共识。

2021年11月，党的十九届六中全会通过《中共中央关于党的百年奋斗重大成就和历史经验的决议》，把"坚持开拓创新"列为党百年奋斗的十条历史经验之一。有创新活力的民族才是有未来的民族，有充满创新活力的青年才有充满创新活力的民族。培育大学生的创新思维，提高大学生的创新能力，是新时代的重要课题。基于思创融合的理念，在思政课授课过程中培育大学生的创新思维，是值得时下思政课教师探索的一种思政课程育人新方向。

二　在课程育人上构建思创融合式的创新思维培育路径

课程育人和实践育人是全方位育人的基础内涵。高校开展社会公益创新创业教育应该重视课程育人和实践育人的改革创新。课程育人是当下国内高校采取的最常见的育人方式，因此课程育人的改革优化是重中之重。课程育人的提质升级产生的影响是最广泛最深入的，而课程思创就是当下课程育人改革的重要方向。

以下，着重以"毛泽东思想和中国特色社会主义理论体系概论"课程为例，探索思创融合式的创新思维培育路径。

（一）要有培育学生创新思维的教学意识前提

要想在思政课程中培育大学生的创新思维，首先需要思政课教师有明确的培育意识。认识到其必要性和可行性有利于增强思政课教师培育大学生创新思维的教学意识。

思政课教师在相关思政课程中培育大学生的创新思维具有必要性。根据美国教育心理学家布鲁姆等人的教育目标分类系统，教育目标可以分为认知目标、情感目标和动作技能目标三大方面。思政课程的授课目标应该向动作技能目标拓展。传统的思政课程较为重视认知目标和情感目标的设立和完成。思政课教师通过以灌输和启发相结合的方式，让学生能够知道是什么，比如知道毛泽东思想和中国特色社会主义理论体系的主要内容是什么，达成思政课基础的认知目标。通过逻辑和事例论证，培养学生爱党爱国爱社会的情怀，树立社会主义核心价值观，比如引导学生拥护党和政府的各项政策，达成思政课基础的情感目标。思政课的动作技能目标往往容易被忽视。培育学生的创新思维，提高学生的创新创业创造能力，是思政课教师应该重视起来的课程动作技能目标之一，完成此项目标有利于大学生未来在社会各个岗位上发挥更大的价值。

思政课教师在相关思政课中培育大学生的创新思维具有可行性。思政课的授课内容可以作为创新教育的鲜活素材。以"毛泽东思想和中国特色社会主义理论体系概论"为例，该课程的教材整体围绕马克思主义中国化的历史进程与理论成果阐述，而马克思主义中国化的过程就是中国共产党理论创新的过程。中国共产党的百年历史蕴含着无穷的创新智慧，跟党学创新是完全可行的新的党史解读方式。

（二）要有培育学生创新思维的课堂纪律保障

在意识层面，思政课教师有明确的培育意识是思政课程发挥培育大学生创新思维功能的先行基础。在具体落实层面，思政课教师首先面临的是如何抓住大学生课堂思维的问题。学风问题是当前思政学科建设的一个重大问题。[3] 因为大众固有观念中的思政课授课内容相对枯燥、课堂管理相对松懈、期末考核较容易通过，有些大学生常常把思政课列为听不听无所谓或者可以随便听听的选项。学生在思政课堂上自学其他课程的内容、睡觉，甚至用手机浏览网页、刷朋友圈、玩游戏等都是屡见不鲜的现象。网络内容的诱惑力远远强于思政课程的授课内容。学生对思政课程先入为主的不重视十分考验教师如何抓住学生的课堂思维，增强学生在课堂上的注意品质。如果大学生的思维不在思政课堂上，那么对大学生创新思维的培育也就无从落地。

1. 让学生不想分散注意力

思政课教师要能够让学生在课堂上不想分散注意力，主动紧跟教师思维。教师个人的魅力和课程的魅力是吸引学生注意力的两种因素。教师的授课音调跟随授课内容起伏变化，比平淡的讲述更有吸引力。教师的授课表情和肢体动作恰到好处、情绪热情饱满，比面无表情地、无力地站在原地或坐在讲台前更有吸引力。教师得体整洁的穿着和智慧优雅的谈吐，比不修边幅和随口而言更有吸引力。授课者本身的魅力为课堂的感染力奠定了基础。

课程的魅力在于教学设计的艺术性。任何课程设计吸引学生的第一步都是科学的导入，思政课程也不例外。到了上课时间，就打开课件，直接开始逐页阅读，难以让学生打起精神。根据教育心理学中注意的品质理论，明确要完成的总任务和具体任务是增强注意稳定性的方式之一。思政课教师首先需要用通俗的语言讲述本节课对于社会的意义和对于学生个人的认知价值、情感价值和动作技能价值，让学生对这节课产生一定的价值认同，破解一些"思政课无用，不学也行"的固有认知壁垒。

其次，正式导入课堂教学内容。可以利用设置疑问引发思考，或通过讲述学生熟悉的事例联系课堂所要讲述的内容等常用的导入方式。比如，在讲授毛泽东思想及其历史地位时，可以如下导入。在2023年，我们将迎来一位伟人130周年诞辰。这位伟人是谁？是毛泽东同志。学习毛泽东思想是我们勿忘昨天的直接见证，无愧今天的动力来源，不负明天的智慧宝库。我们一起看看毛泽东思想的主要内容是什么？毛泽东思想的魅力到底在哪里？我们可以从毛泽东思想中汲取哪些创新创业智慧？

最后，在导入课堂教学内容以后，需要在整个课程的教学过程中，持续吸引学生的注意力，抓住学生的课堂思维。"问题链教学"能够让学生参与思政课，只有参与才能触心，才能避免思政课流于无用、无效和无意义。[4] 问题链以相互关联的问题为链条，串联起课堂需要讲授的各个知识点，不断激发学生的学习兴趣，是提升思政课堂魅力的有效方式。此外，对于增强注意的稳定性，可以使注意对象内容丰富、活动多样化。不同的活动最好是交替进行，并在活动中不断地提出新问题。思政课教师应该避免只是读课件内容的单一授课活动，授课活动需要有一定的变化。比如，课堂中穿插让全体学生书面完成一个课堂小作业，适当板书或适当播放一个视频片段等。此外，借助清华大学与学堂在线开发的雨课堂等新兴的多媒体平台，可以让授课活动更加多元，学生自动分组、即时投影学生作业、学生课堂弹幕交流等都可以轻松实现。对于思政课程，围绕整体的课堂教学任务，开展多种授课活动，能够使得学生的注意力不容易分散，课堂流程更加顺畅。

2. 让学生不敢分散注意力

思政课教师要能够让学生在课堂上不敢分散注意力，被动紧跟教师思维。国外大学生整体的平时学习任务量远超国内。国内大学学风尤其是思政课学风亟须采取多种措施大力整治。首先，严格出勤管理。教师应该在每节课前都落实考勤制度，可以利用雨课堂等平台快速点名。迟到和早退者均严格予以记录，缺勤达到 1/3 者严格执行不予考试制度。其次，避免出现"后排族"和"低头族"。固定学生每节课的座位，把学生按小组从前往后排列，杜绝抢后排座位的现象。在教室里设置手机暂存袋，教师和学生上课之前都集中放置手机。最后，严把平时成绩关。教师除了增加用于引导学生思考的课堂提问外，还增加点对点的重复刚才所述知识点的基础性提问，计入平时成绩。对于五次以上基础性提问答不出者，平时成绩不合格。对在课堂上做其他课程作业等其他违纪行为予以严格记录，影响平时成绩。平时成绩不合格者，不予参加考试，课程不予通过。并且，提高平时成绩的比重到 60%，布置各节课的平时作业，设置各章节小测试和期中考试，避免学生平时不学习，只在期末突击应付考试。

总之，坚持主动吸引和被动要求相结合的双管齐下措施，让学生不想分散也不敢分散课堂注意力，是思政课抓住学生课堂思维的有效方式，从而为完成基础性和提高性的教学目标提供保障。

（三）要有培育学生创新思维的具体建构方式

有了教学意识前提和课堂纪律保障，思政课教师需要思考培育学生创新思维的具体建构方式，而建构的基础是通过解构予以充分的认识。如图1所示，宏观的创新思维可以解构为中观的三求思维：求进思维、求本思维、求变思维。中观的三求思维可以进一步解构为微观的具体措施。

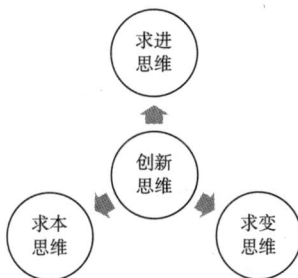

图1　创新思维的解构

1. 求进思维是创新的能量源

正是由于中国共产党人始终保持强烈的求进意识，才带来了理论创新、促进了实践发展。从如何反帝反封建、如何进行社会主义改造到什么是社会主义、怎样建设社会主义，建设什么样的党、怎样建设党，实现什么样的发展、怎样发展，再到新时代坚持和发展什么样的中国特色社会主义、怎样坚持和发展中国特色社会主义，经过新民主主义革命、社会主义革命、社会主义建设、改革开放和现代化建设、全面推进社会主义现代化建设、全面建设小康社会、坚持和发展中国特色社会主义的长期实践，毛泽东思想，包括邓小平理论、"三个代表"重要思想、科学发展观在内的中国特色社会主义理论体系以及习近平新时代中国特色社会主义思想，逐步形成和发展起来。马克思主义中国化的三次历史性飞跃都是伟大的理论创新，都是中国共产党人面对艰难复杂的国内外形势，不断谋求全党和国家、全民族和全社会的进步而得来的。大学生的日常学习和生活同样如此，始终拥有求进的思维，才能拥有创新的动力。

2. 求本思维是创新的中介链

思政课程常常被误解为只要勤于背诵就能获得高分的课程。实际上，思政课程是让学生正确认识社会、提高智慧水平的课程，是影响学生在校和进入社会后的观念和思维方式的课程，是能够让学生终身受益的课程。思政课程是在事实判断的基础上，引入价值判断。思想政治工作是一种社会科学。如果思政课教师只是讲述基础知识，学生只要通过背诵就能获得高分，那么这样的课堂教学和考题设计就是不科学的。背诵有助于理解，但只是方式，不是根本目的。学生能够理解课堂所学知识，并将之内化为深刻的认知，外显出相应的行为，才是根本目的。思政课教师需要能够引导学生理解所学知识点的内外部逻辑关联，理解其本质是什么。知其所以然和求其本质的过程为后期的迁移运用，链接出创新的想法奠定了基础。长期以来，应试教育带来只需知道答案或解题公式而不需深究过程和本质的教学，使得学生缺乏创新能力，应该是对"钱学森之问"的解答之一。

党和国家的领导人善于探究事物的本质，从而不断带领中华民族实现理论创新和实践突破。同样，大学生在面临各类问题的时候，也应该注重探求事物的本质。比如，是考研还是就业，是去体制还是去私企就业都是方式，如何能更好地实现自我价值才是毕业选择的本质。

3. 求变思维是创新的催化剂

青年大学生整体而言具有追求不同个性的特征。教师可以以此为基础，引导大学生不仅仅在日常衣着等方面追求不同，更学会追求思想上的独立，批判地看待事物，对事物有自己的思考和观点，敢于对人云亦云或习以为常的事物做出改变。对于党内曾经盛行的把马克思主义教条化，把共产国际决议和苏联经验神圣化的错误倾向，毛泽东同志在《反对本本主义》中进行了严厉批评。毛泽东同志不照搬苏维埃围攻大城市的模式，带领革命队伍走出了有中国特色的农村包围城市的正确道路。邓小平同志对自己有"我算是比较活泼的人，不走死路的人"的评价。习近平同志则多次提出"当今世界正经历百年未有之大变局"。时代需要我们增强识变之智、应变之方和求变之勇。整个"毛泽东思想和中国特色社会主义理论体系概论"课程所阐述的马克思主义中国化，就是在不断地谋求改变，不断地将马克思主义的基本原理和中国革命与建设的具体实际相结合，得出适合当下中国实际的革命和建设道路。根据实际而追求变化的意识能够催生出创新的事物，加快创新的步伐。

另外，求变是创新的一种具体方式。对现有的事物尝试做出加一加或减一减等新的变化，或许就能够产生具有新价值的事物。从横向思维到纵向思维、从正向思维到逆向思维、从不断发散到集中收敛、从整体到局部、从内容到形式等，变化一个思考维度，可能就迎来一个新的创造空间。对于一个事物，当一个大学生处于想要有新意、一直求变化、始终在思考的状态，也就更容易在不经意间激发其创意的火花。另外，思政课教师需要引导大学生意识到求未来之变的基础是充分认识当下。任何知识、经验和事物都是创新的原材料。积累知识就是在积累创新的原材料。大学生需要积累多元化的知识，架构丰富的知识体系，为创新的产生提供充足的原料。

（四）要有培育学生创新思维的教师激励体系

评价逐级发挥着指挥棒的作用。课堂教学的影响是长期的、潜移默化的、一时看不见的、难以评估的。在社会对大学的评价和排名中，因难以衡量学校的日常教学质量，而更加看重学校的科研成果。

社会上不重教学重科研的评价方式首先传导到高校管理者，高校自然也就重视对科研成果设置指标。并且出于满足教学运转需要，较容易对教学数量等设置指标，不重视也难以对日常的课堂教学质量设置指标。学生期末评教是现有的一种评价教师课堂教学质量的方式，而仅仅用学生对教师的打分并不能够真实反映教师的教学质量。学生的打分影响因素较多。一个 50 人的班级中有一两个学生因为教师严格课堂管理而受到批评，从而恶意给教师极差的评价，相较于一个 200 人的班级中有一两个学生恶意给教师极差的评价，后者因为基数大的优势，评教分数会明显高于前者。一位课前从不备课、课堂管理相对松懈但也能整体平淡地完成授课任务、学生课堂学习轻松且期末容易得高分的老师，和一个课前严谨备课、课堂管理十分严格并追求每位学生参与学习、学生课堂学习有一定压力、期末考核严格判分甚至"刁难"学生的老师，学生可能更喜欢前者，给前者打高分。教师即使教学质量一般，如果能迎合学生的喜欢，也能获得较高的评教结果。而且，即使评教分数相对低一些，整体没有特别低，对高校教师也没有很大的影响。所以，高校目前还是缺乏对日常课堂教学质量的客观评价。

这种重科研而轻教学的评价继而由高校管理者传导到高校教师，教师也就容易不重视日常教学质量，更加注重自身的科研成绩。根据日常对学生的访谈，有不少学生认为大学比中学有更多的"水课"，通过课堂学习常常学不到什么，更多的还是需要课后自学。中小学任课教师有日常同年级其他带班老师比较学生成绩的压力，有班级升学率的压力，更加容易重视日常教学质量，而大学任课教师没有日常带班学生成绩比较的压力，专业就业率的压力也和任课老师无关，因此他们相对难以重视日常教学质量。

日常教学质量无法被全程监控，也缺乏客观的外在激励体系。当下，各门课程日常教学质量的保障根本还是依赖教师出于责任感和教育情怀的自我激励。思政课教师同样需要带着责任感和教育情怀去完成教学的"良心活"。大学生创新精神培育的直接主导者和关键力量是教师。[5] 对于充分利用思政课程培育大学生创新思维的探索，不仅仅需要探讨"教师有没有这个意识"的问题、"课堂有没有这个纪律"的问题、"教师有没有这个方法"的问题，更需要面对和解决的是"教师愿不愿意去做"的问题。

三　在实践育人上构建社会公益
创新创业组织的育人路径

实践育人是全方位育人理念的要求之一，也是全员育人和全过程育人理念的良好践行场域。在实践育人环节，便于教育的共时性横向扩展，引入更多元的社会主体承担教师的角色，也便于教育的历时性纵向扩展，开展人生和事物发展上的全程性长期性实践，引入社会生活的方方面面承担多元的教材角色。相较于诸多其他教育领域，在创新创业教育中，实践育人向来更受重视。相较于商业权益创新创业教育，社会公益创新创业教育实践育人可以更加清晰地分为三个方向：校内社会公益创新创业组织的实践教育、国内社会公益创新创业组织的实践教育、国际社会公益创新创业组织的实践教育。三个方向彼此独立，又彼此交织、逐层递进。

(一) 校内社会公益创新创业组织的实践教育

高校内常年活跃着大大小小诸多的组织团体。有在民政部正式注册的民间非政府组织，有在学校团委、工会等备案的社团，也有自发成立未完全纳入管理的各类组织。有学生团体、教师团体，也有师生共建的团体。有自发开展活动的兴趣类社团，也有协助年级、学院、学校各部门等开展特色活动、办理日常事务的组织。无论什么样的形式，高校内的大部分组织团体都在一定范围内开展着公益事业。学生会、社团联合会、教职工协会等高校内的诸多组织团体都可以视为一种服务于校内师生综合发展的社会公益创新创业组织。这是高校本身就一直拥有的、大量的、尚未被完全挖掘利用的社会公益创新创业教育资源。

校内各类组织内的师生完全可以在服务于组织的过程中，从社会公益创新创业的角度，应用相关知识，建设和发展自身所在的组织，并在服务的同时获得自身社会公益创新创业综合素养的提升。因校内各类组织的活动场所多是师生便于接触的，活动组织对接等工作也便于实施，活动影响范围也较小较容易控制，通过活跃于校内的各类组织开展社会公益创新创业教育是高校创新创业教育工作者最容易、最基础的实践育人路径之一。

(二) 国内社会公益创新创业组织的实践教育

高等教育需要走出校门，高校把社会公益创新创业教育的实践育人铺展到校外国内社会的路径有三条。一是在校内成立的各类社会公益创新创业组织服务于校外；二是师生参与到校外的各类社会公益创新创业组织提供的服务中去；三是师生在校外创立各类社会公益创新创业组织并开展服务。无论对于哪一条路径，在工作组织对接和服务影响等方面，国内社会公益创新创业实践都比校内社会公益创新创业实践更复杂，学生也能够在其中接触更多的人和事，得到更多的历练。

目前，高校在路径一方面已经取得了较为不错的成果，校内诸多团体在服务社会中发挥着积极的作用。比如，上海对外经贸大学的树人总动员工作室团队和烟火匠的信仰团队，都在于校内设立的基础上，为校外相应的社会服务出智出力。两支团队的项目都在 2022 年实现了学校在中国国际"互联网+"大学生创新创业大赛中国家级奖项零的突破。

在路径二方面，高校正在和外部社会公益创新创业组织开展合作，为它们输送了一定的学生志愿者资源。对于高校整体的社会公益创新创业教育的发展而言，当下的合作是远远不能满足需要的。高校可以通过主动对接社会公益创新创业孵化基地、政府相关部门和企业的 ESG（环境 environmental、社会 social和公司治理 governance）负责部门等方式寻求进一步的社会公益创新创业教育合作。比如，位于上海公益新天地园的上海公益创业基地，政府管理的中华慈善总会各地代表处、红十字会等。有的对接方能够帮助大学生对接社会公益创新创业组织，有的对接方自身就需要大学生参与到它们开展的社会公益创新创业服务中去。

在路径三方面，不少高校尚处于探索阶段。主动在社会上创立社会公益创新创业组织，不管是以公司的形式还是以民间非政府组织的形式，对于青年大学生来说，都需要一份更重的担当和一个更大的突破。而对于学生发展而言，它所带来的将不仅仅是求学期间的社会公益创新创业教育，更是毕业后的长期兼职或全职从事的一份事业。

（三）国际社会公益创新创业组织的实践教育

"三全育人"理念不应该局限于国内的"三全"，扩大到国际的"三全育人"指引着社会公益创新创业教育的国际化。从庞大的联合国到普通的国际风筝联合会，国内外均注册着诸多以各自的公益追求为主的国际组织。在社会公益创新创业方面，国际组织和大学生之间是相互需要、相互赋能的关系。国际组织缺少大学生所能提供的活动策划和执行，大学生缺少国际组织所能提供的社会实践经验。推动大学生到国际组织实习是未来高校开展社会公益创新创业教育的一个重要方向。

联合国作为全球层面最大的社会公益创新创业国际组织，在 2015 年通过了 17 个可持续发展目标，简称 SDGs，每一个目标都是一个庞大的社会公益创新创业计划。这些目标具体包括：消除贫困，消除饥饿，良好健康与福祉，优质教育，性别平等，清洁饮水与卫生设施，廉价和清洁能源，体面工作和经济增长，工业、创新和基础设施，缩小差距，可持续城市和社区，负责任的消费和生产，气候行动，水下生物，陆地生物，和平、正义与强大机构，促进目标实现的伙伴关系。当下，全球范围内的诸多国际组织都应该从各自的领域出发，把联合国的 17 个可持续发展目标融入组织的日常工作中去。全球各地的大学生通过实习等方式参与国际组织的相关工作中，势必是对大学生的自身发展和全球的可持续发展有益的。

参考文献

［1］徐同飞，高伟．从"双创"教育到"三创"教育的升级路径——基于"三全育人"视角的分析［J］．创新与创业教育，2022，13（3）：47-52．

［2］北京青年报．高校思政教师 5 年增加 6 万人［EB/OL］．（2021-12-08）［2022-10-31］．http://edu.people.com.cn/n1/2021/1208/c1006-32302539.html．

［3］曹亚雄，宋俭，余永跃．"面向 21 世纪马克思主义理论与思想政治教育专业重点学科建设研讨会"综述［J］．高校理论战线，2002（8）：61-63．

［4］韩美兰．"马克思主义基本原理概论"问题链教学详案［M］．北京：中国人民大学出版社，2017．

［5］陈小波，周国桥．新时代大学生创新精神的生成及其培育［J］．学校党建与思想教育，2022（4）：69-71．

A New Exploration on the Path of Optimizing Social Innovation and Entrepreneurship Education in Colleges and Universities under the Guiding of "Three-comprehensive Education"

Xu Tongfei

Abstract：There is a growing interest in social innovation and entrepreneurship education. Starting from the concept of "Three-comprehensive Education", combining the significance of social innovation and entrepreneurship education, colleges and universities should build the paths of cultivating students' innovative thinking by integrating ideological and political education with innovation and entrepreneurship education in curriculum, with the prerequisite of teaching awareness, classroom discipline and teacher incentive system. Colleges and universities should teach students the deconstruction and construction of innovative thinking from three aspects: thinking of advance, thinking of origin and thinking of change. In addition, colleges and universities should build the paths of social welfare innovation and entrepreneurial organizations in terms of practical education, by integrating the resources of social welfare innovation and entrepreneurial organizations from campus, nationally and internationally aspects into the social innovation and entrepreneurship education of students.

Keywords: Three-comprehensive Education; Integrating Ideological and Political Education with Innovation and Entrepreneurship Education; Innovation and Entrepreneurship Education; Innovative Thinking; Social Entrepreneurship

高校创业教育的培养成效与提升路径研究

——创业认知的多重中介作用

马永霞　何　静　尹西明

【摘　　要】创业教育对培养一流双创人才、加快科技强国建设意义重大，但鲜有针对创业教育的培养成效与提升路径的系统性实证研究。本文基于创业认知理论，以创业认知、创业意向为评价指标，构建理论模型，基于464份有效问卷进行分析，实证探究创业教育提升大学生创业知识、促进大学生认知转化、激发大学生创业意向的成效和路径。研究发现：（1）大学生整体创业意向水平略高于中等水平，且在性别、学历、创业经历、身边创业者和父母支持程度上存在显著差异，在专业背景上不存在显著差异；（2）创业理论学习与创业实践训练均对创业意向存在正向促进作用，其中创业实践训练影响更大；（3）能力认知和配置认知部分中介了创业教育与创业意向的关系；（4）意愿认知、能力认知、配置认知在创业教育和创业意向之间起链式中介作用；（5）性

【基金项目】国家自然科学基金项目"'新工科'建设背景下大学生创新创业能力培养生态系统研究"（71874012）；2021年北京市宣传文化高层次人才培养资助项目"加强和改进新时代首都爱国主义教育研究"（3220013512106）；国家自然科学基金青年项目"多层次系统视角下中国高校学术创业与成果转化促进机制研究"（72104027）；北京理工大学研究生教育培养综合改革重点项目"企业数字化转型与创新变革"（2022ALJX012）；中国高等教育学会重大课题"我国研究型大学支撑实现高水平科技自立自强的战略路径和重大举措研究"（2022ZD05）。

【作者简介】马永霞，女，辽宁沈阳人，北京理工大学人文与社会科学学院教授，博士研究生导师，教育学博士，研究方向为高校人才培养与创新创业教育。何静，女，安徽安庆人，北京理工大学人文与社会科学学院博士研究生，研究方向为高校创业教育。尹西明（通讯作者），男，河南平顶山人，北京理工大学管理与经济学院特别副研究员，硕士研究生导师，北京市哲学社会科学——融合发展研究基地副主任，研究方向为创新管理、数字经济与学术创业。

别在创业教育与创业意向之间起显著调节作用。本文的研究启发创业教育应更加关注性别差异、推动专创融合并注重教学多样性，进而全面提升培养成效。

【关 键 词】创业意向　创业认知　性别　创业教育

创新驱动发展的本质在于人才驱动，作为国家战略科技力量的重要组成部分和创新创业教育的主阵地，通过双创教育培育创新创业领军人才，是高校顺应创新创业型大学建设趋势，把"发展科技第一生产力、培养人才第一资源、增强创新第一动力"更好结合起来的重要抓手。[1~2]《国务院关于推动创新创业高质量发展打造"双创"升级版的意见》（国发〔2018〕32 号）指出，要强化大学生创业教育培训，将创业教育和实践课程纳入必修课内[3]，由此创业教育进入全面发展提升阶段。Shapero 和 Sokol 的创业事件模型认为，创业事件的发生直接受到创业意向的影响，创业意向被视为预测创业行为最直接、有效的指标。[4] 进入新发展阶段，通过双创教育激发大众创业、万众创新活力和促进经济高质量发展成为建设教育强国和创新强国的重大议题。在此背景下，如何以创业促就业，通过创业教育提升大学生创业素养与创业能力、激发大学生创业意向成为热点研究问题，尤其要关注创业教育在促进知识、技能、资源等认知转化方面的关键性作用。以往的创业认知相关研究多集中探究在企业创办后创业者的各类创业认知特征与企业发展关键性指标之间的关系，如战略多样性、知识多样性等[5]，而较少关注创业教育在传递创业知识、促进认知转化、推动创业实现中的重要作用。

近年来，随着国内高校不断探索，创业教育相关设置日趋成熟完善，但关于创业理论学习、创业实践训练对创业知识、机会识别、资源配置等认知转化成效的研究较为单一，且对创业教育、创业意向、创业认知各维度内在作用机制的研究尚不完善。创业理论学习与创业实践训练分别对大学生的创业意向有何影响？二者的影响是否存在差异？创业教育是否通过促成大学生将知识技能转化为自身认知激发创业意向？为提升创业教育成效，在开展时应采取何种策略，切实提升创业能力与素养，激发创业意向，引导创业行为？

本文基于 Foss 和 Klein "信念—行动—结果"的创业认知理论框架[6]，

重点关注情景与创业者之间的交互作用，将创业认知这一企业发展的关键因素迁移至创业教育过程中，实证探究创业理论学习与创业实践训练这两种创业教育类型对大学生创业意向的影响机制，考察创业认知在创业教育对大学生创业意向的影响中可能存在的多重中介作用，以及性别在该模型中可能存在的调节作用。理论上拓展了创业理论学习、创业实践训练对大学生创业意向的内在影响机制研究，实践上有助于批判性地认识创业教育现状，为进一步科学高效深入推进创业教育、加快人才强国和科技强国建设提供政策启示。

一　研究假设提出

（一）创业教育与创业意向

创业教育是传授大学生精准识别创业机会的知识与技能，使学生富有洞察力、树立自信心，能够有效识别机会、整合资源、分析风险的活动。[7] 国内外学者对创业教育有不同的划分方式。木志荣将我国创业教育分为创业课程和非课程体系两大部分，具体包含创业课程、研究、论坛、计划竞赛和创业者联盟五个模块。[8] Jamieson 根据创办企业的过程，将创业教育分为关于创办企业的教育、为了创办企业的教育和在创办企业过程中的教育三大类。[9] 我国目前的创业教育理论上大多以选修课、校内讲座等形式进行，实践方面则仅限于商业模式大赛、创业大赛等形式[10]，本文将创业教育划分为创业理论学习和创业实践训练两大类：创业理论学习主要聚焦高校内部的理论学习，包括创业课程学习以及各类创业讲座；创业实践训练包含各类创业竞赛、创业技能培训、模拟演习等。

Bird 认为创业意向是创业行为发生前必然经历的一种心理状态[11]，它被视为创业行为发生的重要预测指标，也是高校创业教育人才培养的核心目标之一。为了增强大学生创业能力与素质，提高创业率，创业意向成为本文研究的重要出发点。创业意向的影响因素可以概括为个体认知特征和环境因素（包含家庭、社会和学校等）两大类，其中高校的创业教育是环境因素的重要内容之一。研究发现接受的教育内容以及接受教育的时长都会显著影响大学生的创业意向[12]，大学生参加的创业教育类型越多、范围越广，创业意向就越强[13]。大学生在创业理论学习与创业实践训练中的参与度与满意度一方面是创业教育质量评价的重要依据[14]，另一方面会直接影响到大学生创业能力的发展和创业意向的增强。马永霞和王琳研究发现大学生在"双创"教育中的参与度会显著影响大学生创业能力的发展，表现为创业教育参与度越高，创业能力发展越快[15]；创业实训经历有助于增强大学生的创业兴趣，有过创业实践或创业大赛经历的大学生表现出更强的创业意向[16]；杨钋、常文豪等发现大学生在创业课程中的学习投入显著正向影响创业意向，水平越高的学习投入，意味着越强的创业意向[17~18]。本文在此基础上，提出以下假设：

H1a：创业理论学习对大学生的创业意向有促进作用。

H1b：创业实践训练对大学生的创业意向有促进作用。

（二）创业认知的中介作用

研究表明，创业意向是个体与环境相互作用下主观认知选择的结果，受到个体的独特思维方式和行为方式的影响，认知因素在创业意向产生的过程中起到了关键作用。[19] 所谓"认知"是指个体获取信息、在头脑中进行加工、应用知识的过程。[20] 认知能在一定程度上解释创业领域的两个基本问题：选择成为创业者的动因，以及如何成功识别潜在的创业机会和资源条件。创业认知实际上是一种知识结构，更是一种思维过程，影响了个体企业创办及成长过程中的判断和决策，不同创业认知会促成不同的创业行为。

Mitchell 等提出了创业认知最典型的维度划分[21]，多年来也在不断被许多学者验证，具体包括三种认知脚本：意愿认知（willingness cognitions）、能力认知（ability cognitions）和配置认知（arrangements cognitions）。所谓认知脚本就是指内在的知识结构与体系，意图在于连接个体的认知与行动。意愿认知是指个体对创业活动中有关创业风险与回报的知识结构，如创业机会权衡等，本质上是创业所需要的内在驱动力；能力认知是指创业者调动知识技能、价值观等来实现企业创建、发展的知识结构，包括创业经验积累、环境判断和机会识别能力等[5]，影响了个体对信息获取的敏感性与使用能力的高低，对创业意向有显著正向影响[22]，是创业需要具备的能力条件；配置认知是指个体开展创业活动所需要的资源、关系等方面的知识结构，如技术保护、专利保护、创业网络构建等，实质上指的是创业所需要的资源条件。

创业认知三个维度并不是独立发挥作用的，而是相互联系、相互影响的。有关企业绩效的研究表明，风险承担能力对创业能力存在正向预测作用，创业能力的激发需要具备良好的风险承担能力。[23] 开展创业教育能为个体营造良好的宏观创业环境、培养科学的创业思维模式和决策模式，以此实现充分挖掘个体创业潜力的目的，创业教育对个体的机会识别、风险承担均存在显著正向预测作用[24]，使个体客观认知资源条件、能力水平、自身特质，全面评估创业风险，进而影响到个体的创业意向[25]。蔡莉等构建的 LCOR 创业理论模型指出，创业经验学习以及实践学习都能增长创业知识，提升创业机会识别、资源整合的能力。[26] 创业能力帮助个体突破资源限制，促进资源更高效整合。本文基于此，探讨配置认知、意愿认知和能力认知在创业理论学习、创业实践训练与创业意向之间的多重中介作用，提出以下假设：

H2a：意愿认知在创业理论学习与创业意向之间起中介作用。

H2b：能力认知在创业理论学习与创业意向之间起中介作用。

H2c：配置认知在创业理论学习与创业意向之间起中介作用。

H3a：意愿认知在创业实践训练与创业意向之间起中介作用。

H3b：能力认知在创业实践训练与创业意向之间起中介作用。

H3c：配置认知在创业实践训练与创业意向之间起中介作用。

H4a：意愿认知和能力认知在创业教育与创业意向之间起链式中介作用。

H4b：能力认知和配置认知在创业教育与创业意向之间起链式中介作用。

H4c：意愿认知、能力认知和配置认知在创业教育与创业意向之间起链式中介作用。

（三）性别的调节作用

现有理论研究和实践表明，性别在创业教育、创业意向以及两者的关系研究中均存在显著作用。受传统思想观念以及性别刻板印象的影响，男性相较于女性表现出更强的创业意向，他们更倾向于冒险、追求成功；女性则更倾向于规避风险、追求安稳。[27~28] 在对创业教育的诉求和适应中存在显著的性别差异[29]，女性在社会网络以及创业融资中处于劣势地位，其受教育水平能够有效克服这一劣势[30]；女性在课程体系和培养机制上的满意度和适应性要高于和强于男性，创业教育对女大学生创业意向的影响要显著强于男大学生[31]。因此，提出以下假设：

H5a：相较于男大学生，创业理论学习对女大学生创业意向的促进效应更为显著。

H5b：相较于男大学生，创业实践训练对女大学生创业意向的促进效应更为显著。

基于上述讨论，本文研究的理论模型如图 1 所示。

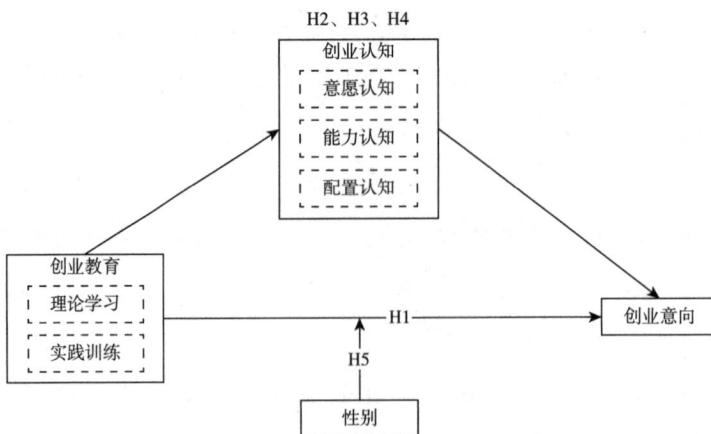

图 1　理论模型

二 研究设计

（一） 研究对象

随机抽样选取北京、上海、安徽等地的高校大学生，2022 年 1 月至 2 月寒假期间在线上开展调查，共发放问卷 502 份，回收有效问卷 464 份，有效率 92.43%。其中，男生 211 人 （45.47%），女生 253 人 （54.53%）；本科生 314 人 （67.67%），研究生 150 人 （32.33%）；专业包含文史哲类 （38.79%）、理工类 （25.43%）、经管类 （21.78%）、农医法类 （11.42%） 及其他 （2.59%） 多种类别。

（二） 测量工具

创业教育量表。借鉴李静薇[32] 的创业教育量表，包含创业理论学习和创业实践训练两个维度。理论学习包括创业课程、创业讲座和创业论坛；实践训练涵盖创新创业比赛、创业大赛以及创业模拟实践。以大学生在两个维度的参与度、满意度对创业教育效果进行测量。量表的克隆巴赫 α 系数为 0.786。

创业意向量表。Thompson[33] 认为创业意向是个体有意识地创办企业并且坚信在未来会付诸行动的信念，并通过实证研究制定出个人创业意向量表 （IEIS），共 6 个题项。本文在此基础上选取其中的 2 个题项，对大学生的创业意向进行测量。量表的克隆巴赫 α 系数为 0.883。

创业认知量表。选取 Mitchell、Krueger 等学者[34~35] 的问卷对大学生的创业认知进行测量，采用李克特 5 点记分法。该量表包括三个维度，分别是：（1） 配置认知，包括"我拥有创业的资源""我拥有创业相关的人际和财富资源"等 6 个题项，克隆巴赫 α 系数为 0.960；（2） 意愿认知，包括"我能很快适应新环境""我做事雷厉风行" 等 7 个题项，克隆巴赫 α 系数为 0.911；（3） 能力认知，包含"我有良好的知识储备""我能够准确地识别潜在的机会"等 5 个题项，克隆巴赫 α 系数为 0.901。总量表的克隆巴赫 α 系数为 0.895。

（三）数据分析方法

本文使用 SPSS 26.0 和 Amos 26.0 对数据分别进行描述性统计分析、相关性分析、方差分析、回归分析以及对模型拟合效果进行检验，采用 Process V3.5 宏程序扩展组件对变量间的多重中介效应进行检验。

三　统计分析与假设检验

（一）共同方法偏差检验

本文数据均来自大学生的自我报告，可能存在共同方法偏差，因此采用 Harman 单因子检验（Harman's One-factor Test）方法进行共同方法偏差检验[36]。结果显示，第一公因子对总变异的解释率为 26.99%，小于 40% 的临界值，研究不存在严重的共同方法偏差。

（二）描述性统计与相关性分析

1. 人口统计学变量的差异检验

本文选取性别、学历、专业、创业经历、身边创业者以及父母支持程度作为主要控制变量。对不同性别和学历的大学生在创业意向上的差异进行分析，结果显示，男大学生（3.83±2.28）在创业意向上与女大学生（3.56±2.42）存在显著差异（p<0.05），且得分高于女大学生；本科生（3.91±2.25）与研究生（3.21±2.36）之间也存在显著差异（p<0.001），本科生得分显著高于研究生。针对专业类别的单因素方差分析结果显示，各专业类别之间不存在显著差异（p>0.05）。

研究对象中有 233 人（50.22%）没有过创业经历，231 人（49.78%）有过创业经历；303 人（65.30%）表示身边有过创业者，161 人（34.70%）表示身边没有创业者；278 人（59.91%）表示父母对其创业持消极态度，186 人（40.09%）表示父母对其创业持支持态度。分别对三个控制变量进行独立样本 t 检验，结果显示，大学生有无创业经历、身边有无创业者以及父母支持程度高低在创业意向上均表现出显著差异（p<0.001），具体体现为，有创业经历（4.03±2.00）、身边有创业者（3.87±2.22）、父母支持（3.95±2.09）的大学生得分要高于无创业经历（3.34±2.51）、身边无创业者（3.34±2.50）、父母不支持（3.51±2.49）的大学生。

2. 主要变量的相关性分析

进一步对研究的主要变量进行相关性分析，发现创业理论学习、创业实践训练与配置认知、意愿认知、能力认知和创业意向均呈正相关关系；创业意向与配置认知、能力认知存在显著正相关关系，但与意愿认知不存在直接相关关系，内在关系需进一步检验；创业认知三个维度之间均显著正相关（见表1）。同时各主要变量间的相关系数总体上均低于0.8，能够有效避免多重共线性问题[37]。

表1 主要变量的描述性统计及相关性分析结果

变量	M（SD）	创业理论学习	创业实践训练	创业意向	配置认知	意愿认知	能力认知
创业理论学习	3.59（1.15）	0.850					
创业实践训练	3.50（1.16）	0.882**	0.837				
创业意向	3.68（1.19）	0.312**	0.341**	0.897			
配置认知	3.43（1.25）	0.265**	0.354**	0.494**	0.792		
意愿认知	3.85（0.89）	0.229**	0.223**	0.071	0.172**	0.716	
能力认知	3.86（0.86）	0.207**	0.226**	0.210**	0.215**	0.180**	0.696

注：** 表示p<0.01；对角线为各变量的AVE值。

（三）多重中介效应检验

在相关性分析的基础上发现，意愿认知与创业意向之间的相关性不显著，部分中介作用也就不显著，假设H2a和H3a不成立。使用Process V3.5宏程序扩展组件中的Model 4分别对配置认知和能力认知在创业理论学习、创业实践训练与创业意向之间的中介效应进行检验。结果显示（见表2），大学生在创业理论学习、创业实践训练中的参与度均显著正向预测其创业意向（p<0.001），假设H1a和H1b成立。其中，创业实践训练对创业意向的影响效应值（β=0.350）高于创业理论学习（β=0.322），说明创业教育中的实践训练效果要好于理论学习。能力认知和配置认知均分别在创业理论学习、创业实践

训练对创业意向的影响中起到部分中介作用，假设 H2b、H3b、H2c、H3c 均成立，且相较于能力认知，配置认知在总间接效应中效应量更高。

表 2　配置认知和能力认知的中介效应检验结果

	路径	效应值	95%的置信区间	效应量（%）
	创业理论学习对创业意向的总效应模型	0.322***	[0.233, 0.412]	
直接效应	创业理论学习→创业意向	0.199***	[0.114, 0.285]	61.80
间接效应	间接总效应	0.123***	[0.066, 0.187]	38.20
	创业理论学习→配置认知→创业意向	0.119***	[0.068, 0.176]	
	创业理论学习→能力认知→创业意向	0.019*	[0.001, 0.045]	
	创业实践训练对创业意向的总效应模型	0.350***	[0.262, 0.438]	
直接效应	创业实践训练→创业意向	0.190***	[0.103, 0.278]	54.29
间接效应	间接总效应	0.160***	[0.099, 0.227]	45.71
	创业实践训练→配置认知→创业意向	0.152***	[0.099, 0.212]	
	创业实践训练→能力认知→创业意向	0.021*	[0.002, 0.048]	

注：* 表示 $p<0.05$，*** 表示 $p<0.001$。

在创业理论学习影响创业意向的模型中，创业理论学习的直接效应占比为 61.80%，配置认知和能力认知的中介效应占比为 38.20%。在创业实践训练影响创业意向的模型中，创业实践训练的直接效应占比为 54.29%，配置认知和能力认知的中介效应占比为 45.71%，说明相较创业理论学习，配置认知和能力认知在创业实践训练与创业意向之间的关系中发挥的中介效应更大。

初步完成中介效应检验之后，进一步使用 Amos 26.0 建立结构方程模型，检验意愿认知、能力认知和配置认知在创业教育与创业意向之间的多重中介作用。以大学生在创业教育中的参与度、满意度作为预测变量，以创业意向作为结果变量，以配置认知、意愿认知和能力认知作为中介变量进行路径分析，对模型的拟合程度进行检验。结果表明，创业教育影响创业意向模型的拟合效果良好（$x^2/df = 2.556$，GFI $= 0.892$，TLI $= 0.950$，CFI $= 0.956$，RMSEA $= 0.058$），模型的标准化路径系数如图 2 所示。除意愿认知对创业意向的预测作用不显著外，其他路径均显著。创业教育对配置认知、意愿认知、能力认知均有显著正向预测作用，配置认知和能力认知对创业意向的正向预测作用显著，配置认知、能力认知的部分中介作用再次得到检验。意愿认知、能力认知在创业教育与创业意向之间的关系中起链式中介作用，假设 H4a 得到验证；能力认知、配置认知在创业教育与创业意向之间的关系中起链式中介作用，假设 H4b 得到验证；意愿认知、能力认知和配置认知在创业教育与创业意向之间的关系中起链式中介作用，假设 H4c 得到验证。

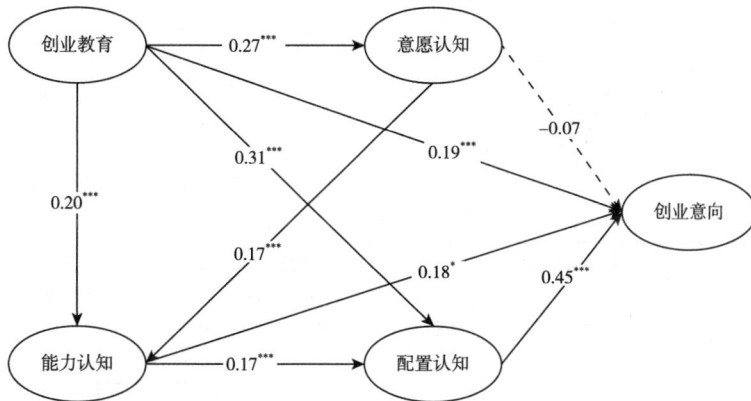

图 2 创业认知的链式中介模型

注：* 表示 p<0.05，*** 表示 p<0.001。

为检验上述结果的稳健性，本文采用 Bootstrap 方法对各中介路径做进一步检验，抽样次数 5000 次，置信区间为 95%。结果显示，在该模型中创业教育对创业意向的直接效应显著（$\beta = 0.194$，$p < 0.01$，95% 的置信区间为 [0.118，0.297]），占模型总效应的 51.46%。总中介效应为 0.183，其中配置认知在创业教育与创业意向之间关系中的中介效应值 $\beta = 0.139$，95% 置信度下的偏差校正 Bootstrap 置信区间为 [0.087，0.199]（见表 3），不包含零值，存在部分中介作用；意愿认知的中介效应值 $\beta = -0.019$，95% 的置信区间为 [-0.036，0.008]，包含零值，说明意愿认知在创业教育与创业意向之间关系中的中介作用不显著；能力认知的中介效应值 $\beta = 0.036$，95% 的置信区间为 [0.002，0.045]，存在部分中介效应。另外，链式中介效应检验结果显示，意愿认知与能力认知在创业教育与创业意向之间关系中的链式中介效应显著，假设 H4a 成立；能力认知与配置认知在创业教育与创业意向之间关系中的链式中介效应

显著，假设 H4b 成立；意愿认知、能力认知以及配置认知三者在创业教育与创业意向之间关系中的链式中介效应也显著，假设 H4c 得到验证。

表 3　创业教育与创业意向之间关系的链式中介作用分析结果

路径	效应值	95%的置信区间		效应量（%）
		上限	下限	
间接效应	0.183	0.104	0.236	
Ind 1	0.139	0.087	0.199	75.95
Ind 2	0.036	0.002	0.045	19.67
Ind 3	-0.019	-0.036	0.008	-10.38
Ind 4	0.015	0.004	0.028	8.20
Ind 5	0.008	0.000	0.012	4.37
Ind 6	0.004	0.001	0.008	2.19

注：Ind 1（创业教育→配置认知→创业意向）；Ind 2（创业教育→能力认知→创业意向）；Ind 3（创业教育→意愿认知→创业意向）；Ind 4（创业教育→能力认知→配置认知→创业意向）；Ind 5（创业教育→意愿认知→能力认知→创业意向）；Ind 6（创业教育→意愿认知→能力认知→配置认知→创业意向）。

（四）性别的调节效应检验

采用分组回归法分别对性别在创业理论学习与创业意向、创业实践训练与创业意向之间的调节作用进行检验。结果（见表 4）显示，性别在创业教育的理论学习和实践训练对创业意向的影响中均存在显著差异，相较于男大学生，创业理论学习对女大学生创业意向的影响更为显著，假设 H5a 成立；相较于男大学生，创业实践训练对女大学生创业意向的影响更为显著，假设 H5b 成立。

表 4　性别的调节效应检验结果

变量	男生	女生	男生	女生
创业理论学习	0.119	0.450***		
创业实践训练			0.147*	0.475***
样本量（个）	211	253	211	253
R^2	0.014	0.202	0.022	0.226
调整 R^2	0.009	0.199	0.017	0.223
F	2.980	63.604	4.635	73.180
p	0.086	0.000***	0.032*	0.000***

注：* 表示 $p<0.05$，*** 表示 $p<0.001$。

依据分组回归分析的结果，对性别在两大类创业教育对创业意向影响中的调节作用进行简单斜率分析（见图3），可以看出创业理论学习与创业实践训练对女大学生的影响要显著大于男大学生。

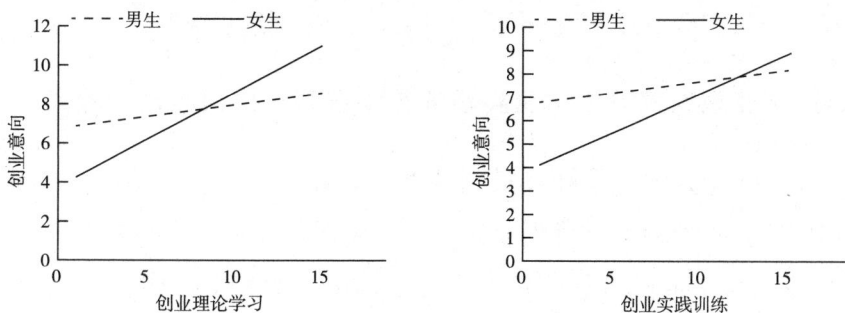

图3 性别调节效应的简单斜率

四 结果与讨论

（一）大学生创业意向现状与人口统计学差异

本文研究发现，大学生的创业意向水平总体而言略高于中等水平（M = 3.68，SD = 1.19），且在性别、学历、创业经历、身边创业者以及父母支持程度方面存在显著差异。说明创业教育的深入推进对增强大学生整体创业意向产生了一定影响，但这同时也受到诸多因素的影响与制约。在性别上，受传统社会观念的性别角色、刻板印象等影响，女性倾向于追求安稳、避免风险，男性则对经济有更高的追求、对成功有更高的期待，更勇于承担风险[38]，表现出更强的创业意向。在学历上，本科生比研究生表现出更强的创业意向，本科生较研究生而言，接受了更为系统的必修性的创业教育学习且在专业学习上更为粗泛，勇于尝试多种可能，研究生则更专注于领域内的科研训练，对专业学习更加深入，在择业时可能会更多地考虑所要承担的风险以及专业知识的具体应用。在创业经历上，有直接创业经验与了解过身边人所提供的间接创业经验的大学生表现出更强的创业意向[39]，可能是由于各种创业经验使大学生开阔了眼界、转变了认知，从而愿意尝试跳出规避风险、保守就业的思维圈。在父母支持上，父母支持创业的大学生表现出更强的创业意向，父母在一定程度上能帮助大学生减轻创业带来的风险压力，传递积极的创业认知[40]。但不同专业背景的大学生在创业意向上未表现出明显差异，原因可能在于创业教育局限于各类通识课程和项目实践[41]，专业教育与创业教育的融合度偏低。

（二）创业理论学习与创业实践训练均显著正向预测创业意向

本文研究表明，大学生在各类创业教育，如课程、讲座论坛、创业大赛、创业模拟实践等中的参与度对创业意向有显著促进作用，这与前人研究发现一致[42~43]，说明大学生在创业教育中参与度越高，尤其是在创业实践训练中投入度越高，相应地创业意向增强效果越显著。在参与创业教育的过程中，越高的投入程度，意味着越高的专注度，越能够在创业课程学习中获得创业知识与间接经验、在亲身参与创业实践训练的过程中获得直接经验，更好地融入创业教育氛围，培养自信心、激发创业热情和创业自我效能感。

（三）创业认知的部分中介作用

本文发现能力认知、配置认知均在创业理论学习、创业实践训练对创业意向的影响中起部分中介作用，即一方面创业理论学习、创业实践训练对创业意向存在直接影响，另一方面又分别通过能力认知、配置认知影响创业意向。并且在创业实践训练中能力认知和配置认知发挥的中介作用更大，说明大学生在创业教育，尤其是在实践训练中的参与度和满意度越高，越有助于大学生掌握机会识别、环境判断等创业所需要的知识技能，加深对创业构思、知识、网络和专利技术等资源条件的认知，相应地，大学生有更加强烈的创业信心和创业意愿。

与研究假设不一致的是意愿认知并未在创业教育与创业意向之间的关系中起部分中介作用，而是通过影响个体的能力认知进而对创业意向产生影响。多重中介效应分析结果表明，意愿认知、能力认知和配置认知在创业教育和创业意向之间关系中的链式中介作用显著，验证了前文所述创业认知三个维度之间是相互联结的，而非独立发生作用，具体包含三条路径：一是创业教育正向预测意愿认知，意愿认知正向预测能力认知，进而能力认知正向预测创业意向；二是创业教育正向预测能力认知，能力认知正向预测配置认知，进而配置认知预测大学生的创业意向；三是创业教育正向预测意愿认知，意愿认知正向预测能力认知，能力认知正向预测配置认知，进而配置认知正向预测创业意向。链式中介效应检验结果证明，大学生接受创业教育程度越高、对创业教育的满意度越高，越能促进他们对性格特质、风险承担、环境适应的认知，有越高的意愿认知水平，从而越是会明确未来的职业选择，积极储备创业知识、识别创业机会、找出问题关键、提升创业能力，获得越高的能力认知水平，而这越是能进一步促进他们对创业环境的感知，精准识别潜在的创业机会，有意识地搜寻、积累创业相关的关系、财富、专利等资源，努力突破资源限制，促进资源高效整合，为创业活动开展做准备。

（四）性别的调节作用

男大学生在创业意向上的总体得分高于女大学生，同时性别在创业教育对创业意向的影响路径中起到了调节作用。具体体现为，创业理论学习显著正向预测女大学生的创业意向，而对男大学生的创业意向没有显著影响；创业实践训练对男大学生、女大学生的创业意向均有显著正向影响，但对女大学生的预测作用更大。说明在相同创业教育的参与度和满意度下，女大学生相较于男大学生创业意向有更加显著的增强。

五　研究建议

基于创业教育理论学习和实践训练的创新型人才培养是建设教育强国、人才强国进而支撑科技强国建设、加快高水平科技自立自强、提升国际竞争力的重要抓手。尤其是在面向国家重大战略需求的新发展阶段，建立健全创业教育体系，推进产教融合、专创融合，支持更多女性参与科技创新创业事业，全面提升大学生的创新创业认知能力，促进从认知到意向再到行动的有效转化，是全面提升创新创业教育质量，培育面向科技强国的大批青年创新创业人才的关键所在。本文的研究发现对我国深入推进双创教育改革具有以下有针对性的政策和实践启示。

（一）关注性别差异，有针对性地推进创业教育

男大学生的创业意向得分要显著高于女大学生，与《青年创业城市活力报告（2021）》中创业女性总体占比低于男性的结果一致。但创业教育对女大学生的影响要显著大于男大学生，因此在创业教育的实施过程中，首先，要关注性别差异，有针对性地开展女性创业心理解读，帮助女大学生转变传统观念中对性别的刻板印象，鼓励女大学生要敢于冒险，追求成功，引导女大学生正确看待社会偏见，树立科学理性的价值观念，破除传统的"男主外，女主内"等思想观念的束缚；同时引导男大学生积极参与创业教育活动，充分发挥创业教育在男大学生群体中的积极作用。其次，努力为创业者提供全过程的扶持与咨询服务，尽可能减少创业的"后顾之忧"，创业开始前针对创新、合理、具备发展潜力的项目给予资金等支持，并对项目进行全程的扶持，尤其是对于在创办企业过程中遇到的难题，组织具有成功经验的企业家进行疑难解答和资源帮助等。

（二）推动专创融合，增强创业教育的实践性

新时代赋予了创业教育新的内涵，同时也对创业教育提出了更高的要求。调查结果显示，不同专业背景大学生的创业意向不存在显著差异，创业教育仍停留在通识性知识的普及层面，培养目标与专业教育目标融合度不够，难以满足各领域对创业人才的需求[38]，找准双创教育与专业教育融合的切入点成为我国人才强国战略深入实施的重要推力。创业教育的效果在很大程度上受到培养目标的影响。[44] 对学生的引导应从专业性出发，将学生的创业思维、创业能力训练与专业领域知识、技能相结合，提供具象化的指导。创业教育方案应做好顶层设计，既要突出专业教育又要突出创业教育，专创融合，采用立体化、多层次的课程体系，鼓励全员参与、全过程联合培养，结合学科特征将理论知识与实践知识相结合，全面提升综合素质。同时，由于配置认知、能力认知在创业实践训练中存在更加显著的影响，因此要加强校企课程实践合作，促进创业教育改革，与企业共同开发有关创业的课程知识和内容，定期优化和改

善创业人才培养方案，开展创业项目训练，从多维实践角度促进创业教育与专业教育的融合发展。

（三）注重教学多样性，促进大学生认知转化

创业教育通过理论学习以及实践训练向大学生传授创业知识、创业技能，鼓励他们综合评估，增强创业意向，激发创业行为，因此大学生对接受创业教育的认知转化直接关系创业教育的现实成效。一方面，大学生在创业教育中所掌握的机会识别能力、资源配置能力、环境感知能力等会直接影响到创业意向的强弱，所以在创业教育的实施过程中，注重课堂设计，不应把创业知识传授作为单一的授课目标，更应该从课堂氛围、学生参与、学习效果等方面综合考量，激发学生的积极性与自主性，实现知识技能的理论学习与实践内化。另一方面，大学生对自身的创业特质等的认知直接影响到对创业技能、资源配置等的学习，在教育过程中应带领学生深化自我认知，引导他们独立主动思考，鼓励创新，促进其发散性思维发展。既要帮助学生形成完整的知识架构，对创业所需要的知识、技能、构思等进行启发，又要引导学生独立自主分析，充分认识自身条件与能力，理性思考、科学分析，从实际出发，提升创业能力，激发创业意向。

参考文献

［1］王巍，陈劲，尹西明，等．高水平研究型大学驱动创新联合体建设的探索：以中国西部科技创新港为例［J］．科学学与科学技术管理，2022，43（4）：21-39.

［2］尹西明，陈劲，贾宝余．高水平科技自立自强视角下国家战略科技力量的突出特征与强化路径［J］．中国科技论坛，2021，2（9）：1-9.

［3］国务院关于推动创新创业高质量发展打造"双创"升级版的意见［EB/OL］．（2018-09-18）［2022-06-20］．http：//www.gov.cn/zhengce/content/2018-09/26/content_5325472.htm.

［4］Shapero A，Sokol L，et al（eds）．The social dimension of entrepreneurship

　　　［M］//*The Encyclopaedia of Entrepreneurship*. Unknown，1982.

［5］周键，王庆金，周雪. 创业认知对新创企业战略多样性影响机理研究［J］.
　　科研管理，2021，42（5）：70-78.

［6］Foss N J, Klein P G. Entrepreneurial opportunities：Who needs them？［J］. *Social
　　Science Electronic Publishing*，2018，34（3）：1-25.

［7］张玉利，李政. 大学创业教育的兴起与理论研究进展［M］//张玉利，李政
　　主编. 创新时代的创业教育研究与实践. 北京：现代教育出版社，2006：
　　48-67.

［8］木志荣. 我国大学生创业教育模式探讨［J］. 高等教育研究，2006（11）：
　　79-84.

［9］Jamieson I. Schools and enterprise［G］//Watts A G, Moran P（eds）. *Education for
　　Enterprise*. Cambridge：CRAC Ballinger，1984：19-27.

［10］马永斌，柏喆. 大学创新创业教育的实践模式研究与探索［J］. 清华大学
　　　教育研究，2015，36（6）：99-103.

［11］Bird B. Implementing entrepreneurial ideas：The case for intention［J］. *Academy of
　　　Management Review*，1988，13（3）：442-453.

［12］蒋承，李宜泽，黄震. 大学生创业意向影响因素研究——基于对北京大学
　　　学生的调查［J］. 高教探索，2018（1）：120-123.

［13］纪梦超，孙俊华. 创业教育、创业榜样与大学生创业意向关系的研究——
　　　基于计划行为理论［J］. 扬州大学学报（高教研究版），2021，25（5）：
　　　99-107.

［14］俞林伟，于海燕，卓泽林. 工科大学生创业教育满意度及其影响因素研
　　　究——基于全国 23117 名大学生的调查数据分析［J］. 高教探索，2021
　　　（9）：117-123.

［15］马永霞，王琳. 高校"双创"教育学生参与度模型及影响因素［J］. 教育
　　　经济评论，2021，6（4）：70-84.

［16］刘月秀. 大学生创业意愿影响因素研究——以农业院校为例［J］. 教育发
　　　展研究，2013，33（9）：48-53.

［17］杨钋，王琼，井美莹. 大学生创业课程学习投入对创业意向的影响研究
　　　［J］. 国家教育行政学院学报，2021（1）：85-95.

［18］常文豪，吕慈仙. 不同学科大学生的创业课程经历对创业意向的影响研
　　　究——基于社会认知生涯理论（SCCT）的实证分析［J］. 教育发展研究，
　　　2022，42（3）：34-43.

［19］胡望斌，焦康乐，张亚会. 创业认知能力：概念、整合模型及研究展望

［J］．外国经济与管理，2019，41（10）：125-140.

［20］彭聘龄．普通心理学［M］．北京师范大学出版社，2019：2-3.

［21］Mitchell R K，Smith B，Seawright K W，et al. Cross-cultural cognitions and the venture creation decision［J］．*Academy of Management Journal*，2000，43（5）：974-993.

［22］余虹，孔莉，张建民．创业自我效能感对大学生创业意向的影响研究［J］．云南大学学报（自然科学版），2020，42（S1）：106-115.

［23］董保宝．风险需要平衡吗：新企业风险承担与绩效倒 U 型关系及创业能力的中介作用［J］．管理世界，2014（1）：120-131.

［24］冯路，王亚丽．创业教育对大学生创业特质的影响研究——基于山东省大学生创业教育现状调查［J］．高教学刊，2019（24）：23-26.

［25］王勇．创业环境、风险态度与新生代农民工的创业倾向［J］．经济体制改革，2017（1）：67-75.

［26］蔡莉，葛宝山，蔡义茹．中国转型经济背景下企业创业机会与资源开发行为研究［J］．管理学季刊，2019，4（2）：44-62+134.

［27］潘文昭．性别、学历对创业意愿影响的实证分析［J］．生产力研究，2021（5）：71-75.

［28］徐菊，陈德棉．创业教育对创业意向的作用机理研究［J］．科研管理，2019，40（12）：225-233.

［29］田贤鹏．高校创新创业教育政策实施满意度调查研究——基于在校学生的立场［J］．高教探索，2016（12）：111-117.

［30］穆瑞章，刘玉斌，王泽宇．女性社会网络关系与创业融资劣势——基于PSM 方法和众筹数据的经验研究［J］．科技进步与对策，2017，34（8）：80-85.

［31］刘巍．创业教育对大学生创业意向影响机理的实证研究［J］．高教论坛，2021（11）：95-99.

［32］李静薇．创业教育对大学生创业意向的作用机制研究［D］．南开大学博士学位论文，2013.

［33］Thompson E R. Individual entrepreneurial intent：Construct clarification and development of an internationally reliable metric［J］．*Entrepreneurship Theory & Practice*，2010，33（3），669-694.

［34］Mitchell R K，Busenitz L W，Bird B，et al. The central question in entrepreneurial cognition research 2007［J］．*Entrepreneurship Theory and Practice*，2007，31（1）：1-27.

［35］ Krueger Jr N F, Day M. Looking forward, looking backward: From entrepreneurial cognition to neuroentrepreneurship ［M］// *Handbook of Entrepreneurship Research*. New York: Springer, 2010: 321−357.

［36］ Aulakh P S, Gencturk E F. International principal-agent relationships ［J］. *Industrial Marketing Management*, 2000, 29 (6): 521−538.

［37］ Bagozzi R P, Yi Y, Phillips L W. Assessing construct validity in organizational research ［J］. *Administrative Science Quarterly*, 1991, 36 (3): 421−458.

［38］ 刘志. 美国创业意向研究的最新进展及其教育意蕴 ［J］. 东北师大学报（哲学社会科学版）, 2015 (5): 235−239.

［39］ 袁旦, 孔晨辰, 蔡雨晨. 地方高校研究生创业意向影响因素研究——基于个人特质的视角 ［J］. 高等工程教育研究, 2019 (2): 178−182.

［40］ 于涛, 陈晓明. 大学毕业生创业意向影响因素实证研究 ［J］. 扬州大学学报（高教研究版）, 2017, 21 (6): 58−62.

［41］ 徐峰, 樊丽娜. 专创融合理念下的高职院校创业教育: 理性反思与实践探索 ［J］. 高等工程教育研究, 2022 (2): 173−178.

［42］ 潘炳超, 陆根书. 高校创业教育与大学生创业意向和创业自我效能的关系研究 ［J］. 复旦教育论坛, 2020, 18 (5): 47−54.

［43］ 梁春晓, 沈红. 创业学习对大学生创业意愿的影响机制研究——基于全国本科生能力测评的实证分析 ［J］. 大学教育科学, 2022 (1): 54−63.

［44］ Bhatia A K, Levina N. Diverse rationalities of entrepreneurship education: Anepistemic stance perspective ［J］. *Academy of Management Learning & Education*, 2020, 19 (3): 323−344.

Research on the Effectiveness of Entrepreneurship Education in Universities and the Path to Enhance It

—Multiple Mediating Roles of Entrepreneurial Cognition

Ma Yongxia, He Jing, Yin Ximing

Abstract: Entrepreneurship education is of great significance to the cultivation of first-class creative talents and the acceleration of constructing a strong science and technology nation, but there are few systematic empirical studies on the cultivation effectiveness and enhancement paths of entrepreneurship education. Based on cognitive theory of entrepreneurship, this paper constructs a theoretical model with entrepreneurial cognition and entrepreneurial intention as evaluation indicators, and analysed 464 valid questionnaires to empirically investigate the effectiveness and pathways of entrepreneurship education in enhancing entrepreneurial knowledge, promoting cognitive transformation and stimulating entrepreneurial intention of university students. It found that: （1） the overall level of entrepreneurial intention of university students is slightly above the medium level, and there are significant differences in gender, education background, entrepreneurial experience, entrepreneurs around and level of parental support, and there is no significant differences in professional background. （2） Both theoretical learning and practical training of entrepreneurship have positive predictive effect on entrepreneurial intention, with practical training having a greater impact. （3） Ability cognition and arrangements cognition partially mediated the relationship between entrepreneurship education and entrepreneurial intention. （4） Cognitions of willingness, ability and arrangements mediate the chain between engagement in entrepreneurship education and entrepreneurial intention. （5） Gender acts as a moderator between entrepreneurship education and entrepreneurial intention. The research results have inspired the need for entrepreneurship education to be more gender sensitive, to promote the integration of professional education and entrepreneurship education, to focus on pedagogical diversity in order to improve the overall effectiveness.

Keywords: Entrepreneurial Intention; Entrepreneurial Cognition; Gender; Entrepreneurship Education

新文科建设背景下高校创业教育改革与实践研究

张秀娥　梁宇婷

【摘　　要】新文科建设背景下，高校创业教育被赋予了新的时代使命。高质量的创业教育能够培养符合新时代发展要求的复合型文科人才，推动经济高质量发展。然而，目前高校创业教育仍存在面向全体文科学生的创业教育体系顶层设计不全面、教学内容和教学方式单一、教师队伍构建不完善、教材与典型案例库欠缺、质量评价体系不健全、实践平台短缺的问题。因此，要构建面向全体文科学生的创业教育体系、推进创业教育与专业教育深度融合、建设专兼职创业教育师资队伍、编写符合中国国情的系统化的创业教育教材、建设新文科创业教育典型案例库、优化创业教育质量评价体系、加强产教融合创业教育实践平台建设。

【关 键 词】创业教育　新文科　高校　教育改革

一　引言

在这个社会大变革的时代，各种社会思潮激荡交汇。应对科技革命和产业

【基金项目】吉林省高等教育教学改革研究课题"新文科背景下高校创业教育改革与实践研究"（JLJY202115640520）；吉林大学本科教学改革研究项目"新文科背景下高校创业教育改革与实践研究"（2021XZD013）；吉林大学2021年度课程思政"学科育人示范课程"项目《创业学》'课程思政'示范项目"（SK2021032）；吉林大学新文科研究与改革实践项目"新文科创新创业教育与实践"（2021XWK33）；吉林大学本科"创新示范课程"建设项目"《创业学》"。

【作者简介】张秀娥，女，吉林东丰人，吉林大学商学与管理学院教授，博士研究生导师，研究方向为创新与创业管理。梁宇婷（通讯作者），女，辽宁抚顺人，吉林大学商学与管理学院硕士研究生，研究方向为创新与创业管理。

革命浪潮带来的环境、生态、伦理等风险，不仅需要科学技术的创新，也需要思想文化的引领，由此高等教育的学科交叉和知识融合成为必然趋势。教育部于 2019 年 4 月全面推进新文科建设，旨在打破传统文科思维范式，推动学科交叉融合，适应新发展格局。新文科建设为高校创业教育改革提供了着力点，创业教育也为实现新文科专业的优化升级提供了科学可行的路径，助推新文科建设实践属性的实现。构建面向全体文科学生的创业教育体系是提升新文科人才实践能力和未来发展潜力的重要途径。在此背景下，当前高校创业教育存在哪些短板以及如何深化高校创业教育改革，是当代高校回应时代需求、培养高素质新文科人才必须回答的问题。

二　新文科建设背景下高校创业教育的内涵

创新是引领经济社会发展的第一动力，大众创业、万众创新是深入实施创新驱动发展战略的重要支撑，对于扩大就业、改善民生和促进经济增长具有重要作用。《国务院办公厅关于进一步支持大学生创新创业的指导意见》（国办发〔2021〕35 号）指出，大学生是大众创业、万众创新的生力军，支持大学生创新创业具有重要意义。创业教育涉及管理学、经济学、心理学、哲学和社会学等多方面的知识以及商业管理实践等综合性技能。"创业教育之父"蒂蒙斯指出，创业不仅受到商业机会的制约，还需要创业者采取完整缜密的实施方法并讲求具有高度平衡技巧的领导艺术。[1] 研究表明，创业可以通过学习而掌握，创业教育对增强个体创业态度有积极影响。[2] 创业教育可以增强自我效能感，促进主观规范，强化学生的创业意愿，也是创业者将潜在商业机会变为现实的基础，受到良好教育和技能培训的创业者是创业取得成功的必要保证。[3] 高校创业教育意为对高等教育（本科、高职高专、研究生）全体学生开展多种形式的创业教育，帮助学生掌握创业相关技能，培养创新精神并提高创业成功率。

"新文科"一词由美国希拉姆学院于 2017 年率先提出，是指通过把新技术融入传统文科的课程，为学生提供综合性的跨学科教育和培训。为积极利用和应对新一轮科技革命和产业变革的机遇和挑战，我国教育部相继提出建设新工科、新医科、新农科、新文科。新文科与传统文科相比，"新"体现在以下三个方面：一是新文科建设要与新时代的人文主题紧密结合，满足应对"百年未有之大变局"的需求，是应对"人文学科危机"的关键对策；二是强调学科的交叉融合，学科之间泾渭分明的界限被打破，交叉学科的组建促使哲学社会科学和自然科学深度融合；三是文科教育方式和学习方法的创新，通过现代信息技术（如人工智能、大数据和互联网等）与文科教学的有机结合提供更高效的教学平台，推动高等教育质量提升。[4]

新文科建设与高校创业教育相辅相成。一方面，新文科建设为高校创业教育改革提供了着力点。面对数字经济时代的到来，学科交叉融合突破了传统文科的局限性，也赋予了高校创业教育新的使命。高校创业教育必须与新时代的文科人才培养需求相匹配，以应对日益多元化和复杂化的社会经济问题。另一方面，高校创业教育助推了新文科建设的实践属性的实现。创业教育的目标不仅在于帮助大学生实现更充分和更高质量的就业，也旨在激发大学生创新活力。创业教育能够为经济高质量发展输送具有创业精神和创新能力的人才，培养符合新时代要求的创新型、复合型、应用型文科人才，使学生熟悉中国国情、阐述中国现象，形成中国方案、解决中国问题。

新文科建设背景下的高校创业教育是围绕新理论、新技术、新方法构建的与时代需求紧密结合的创业教育体系，遵循"守正创新、价值引领、分类推进"的原则，匹配新文科建设的内在逻辑要求，借助现代信息技术提供完善的课程体系和实践平台，增强创业教育的系统性、时代性、专业性，提高学生识别机会、整合资源、管理风险等方面的能力，培养创造力和实践力强的引领型人才，支撑高等教育高质量发展，承担起新发展格局赋予的使命与责任。

三　中国高校创业教育发展现状及存在的问题

（一）高校创业教育发展现状

2002 年，高校创业教育在我国正式启动，教育部将清华大学、中国人民大学、北京航空航天大学等 9 所院校确定为试点院校。近 20 年来，我国创业教育发展迅速。截至 2021 年 10 月，200 所高校成为深化创新创业教育改革示范高校，高校创业教育水平整体提升。92 个本科专业类制定了教学质量的国家标准，明确了各专业创新创业教育目标。全国高校共开设创新创业课程 3 万余门，慕课 1.1 万余门，编写创新创业教育教材近 4000 余种，推出 156 门国家级一流双创课程，创业教育优质课程数量不断增加。培养高校创新创业专职教师 3.5 万余人，聘请的兼职创新创业导师接近 14 万人。

伴随着高校创业教育的不断改革，学生创新活力和创业能力显著提升。根据中国人民大学发布的《中国大学生创业报告（2020）》，高达 49.86% 的在校大学生有较强烈的创业意愿。全国范围内各级大学生创新创业大赛、创业项目以及创业社团等数量大幅增加。2012～2021 年，"国家级大学生创新创业训练计划"已经成为面向大学生的连续性工程，总计投入 58 亿元资金资助了 34 万个国家级项目，来自千余所大学的 139 万名大学生参与其中。2021 年召开的第七届中国国际"互联网+"大学生创新创业大赛，共计有 1.2 万余名学生参加，涉及 6100 多个项目，与上届相比，参赛人数、参赛项目分别增长了 45%、51%，在全国甚至全球范围内产生了良好影响，极大地激发了大学生的创业激情。此外，各高校相继建立了实验中心、创业孵化基地和创业园区等，努力为大学生创业提供全方位帮扶。

（二）高校创业教育存在的问题

尽管众多高校在创业教育方面做出了大量努力和改进，为社会输送了大量优质人才，但相对于瞬息万变的商业环境、不断变化的科学技术和推动文科教育发展的要求，创业教育尚有很长的探索之路，在顶层设计、教学内容和教学方式、教师队伍、教材与典型案例库、质量评价体系和实践平台方面仍存在亟待解决的问题。

1. 面向全体文科学生的创业教育体系顶层设计不全面

我国哲学社会学科的研究成果在社会实践中的应用仍有待推进，文科体系的原创性成果和标志性成果不足，新文科建设背景下的人才培养还欠缺坚持问题导向的创新与创业精神，这与面向全体文科学生的创业教育体系顶层设计不全面密切相关。在教育理念方面，尽管当前的人才培养体系逐步明确了创业教育的质量标准，但尚不能满足新文科建设背景下学科交叉融合发展的要求。推进创业教育融入专业教育的院系主体缺乏主动性，专业教师对创业教育的认识还不够充分。创业文化氛围主要集中在学生创业社团、创业项目小组和学生创业俱乐部等上，全体文科学生的创业热情有待激发。在创业教育的体系规划方面，高校创业教育覆盖比例显著提升，通识性创业课程覆盖全体学生，但并非所有学生都得到了有效的创业指导。一些创业竞赛和孵化平台等只能惠及有创业项目、创业意愿和竞赛经历的学生，部分实践教育的受众面存在局限性。在高校创业教育的运行机制方面，创业教育的各个环节存在碎片化问题，校内各相关部门之间缺乏协调，学生实习与创业实践等环节缺乏支持，理论教学与社会实践之间存在鸿沟，这些问题本质上都是由于缺乏完善且系统的创业教育体系顶层设计而造成的。

2. 创业教育教学内容和教学方式单一

大量创业课程只局限于创业理论知识的讲授，且讲授内容单一。一方面，创业理论关系管理学、经济学、心理学、社会学和哲学等多个学科，而受限于所使用的教材和所配备的师资力量，本科生往往只能得到与经济、管理相关的创业理论教育。另一方面，高校创业课程多采用课堂讲授的方式，缺少能够与社会实践相结合的具有现实指导意义的培训。在这种单一的教学方式下，学生只能被动接受理论，缺乏主动思考，既未达到培养创新精神的目的，也不能掌握开展创业实践所需的能力。因此在课程结束后，具有创业意愿的学生对创业仍然感到无从下手。尤其是在科技快速变革的新时代，社会对文科人才提出了更高要求，掌握数字技术、编程能力等技能的新文科人才更受到青睐，相比之下传统文科学生在激烈的商业竞争中缺乏核心竞争力。

3. 创业教育教师队伍构建不完善

从事创业教育的师资力量决定了高校创业教育的质量，在我国一些高校已经成立独立的创业研究院或创业研究中心，但多数教师为兼职创业导师，在多数高校中还没有完善的创业教育教师队伍。首先，从事创业教育的教师数量较少。高校对教师的考核标准侧重科研成果，繁重的教学压力和科研压力进一步造成了创业教育教师的短缺。其次，面对各种新经济形态，单一学科的知识和能力难以完成数字时代的创业实践，培养复合型人才是新文科建设的目标之一。例如，管理学与大数据分析结合、教育学与人工智能结合、心理学与生物学结合，这些交叉学科的教学与创业教育相辅相成。然而，目前不同学科平台之间缺乏协同合作，单凭教师个人难以完成多学科的整合，兼具多种学科专长的任课教师少之又少。此外，具有实践经验的创业导师更为短缺。多数高校教师具有较强的理论研究能力，但在指导学生的创业实践方面还缺乏相关经验。

4. 创业教育教材与典型案例库欠缺

不同层次的高校和不同类型的专业对创业教育的侧重点和理解不同，既有助于为创业教育提供多样化的教材，但同时也为高校编写和选定创业教育教材造成了困难。一部分创业教育的教材大篇幅地借鉴经典著作的定义和论述，拼凑相关知识，并没有结合区域经济、专业特色和学生需求等因素进行编撰，不能做到"因材施教"。尤其是在新文科建设的背景下，目前还缺少结合中国国情、充分展示中国特色社会主义的创业教育教材。一些创业教育教材的作者是具有丰富经验的企业家，这些教材展示了商业社会的创业过程和技巧，拓宽了学生视野，但企业家缺少对管理学和教育学等相关学科的研究，编写的教材并不适用于高校教学。还有部分创业教育教材由高校教师、教授等学者编撰，这些教材具有坚实的理论基础和缜密的逻辑，但由于学者普遍缺少创业的经历和经验，所以教材内容脱离实际创业过程。因此，创业教育教材的编写团队人员结构不恰当也会造成内容有所偏颇。

目前，高校创业教育还多以课堂形式为主，以教材为中心，缺少与之配套的拓展案例库。一方面，所选用的教材过于关注理论，所镶嵌的案例与理论研究关联紧密，但对大学生创业实践的指导作用较弱。另一方面，授课教师缺乏创业经验，导致创业教育课堂中所引入的案例多为西方管理学的经典案例或者古老陈旧的案例。但世界形势变化多端，我国经济发展迅猛，匮乏的创业教育典型案例不利于学生将创业理论与中国国情有机结合，亟须在高校创业教育中引入符合中国国情的本土化案例，培养学生发现创业机会和解决实际问题的能力。

5. 创业教育质量评价体系不健全

新文科教育强调价值引领，当前的创业教育质量评价体系不能从引导学生价值观的角度激发创业热情和创新思维，无法满足新文科建设的发展需求。在学生创业能力评价方面，有些高校只对学生在校期间的创业课程成绩和参与创业竞赛情况进行评价。实际上，创业教育成果所特有的滞后性与目前设计的评价周期之间存在矛盾，学生创业能力未必能够在接受教育后的短时间内显现。在教师队伍方面，一些高校把学生评价作为评价教师队伍质量的关键指标，把学生创业项目获奖情况纳入教师科研成果考核范围，这对创业教育发展起到了激励作用。但在新文科建设的背景下，要将人才培养、科学研究、社会服务紧密结合起来，当前人事管理和评聘制度制约了部分高校教师投入创业教育的精力。此外，创业教育体系涉及多元主体，而当前的创业教育质量评价体系尚不全面。创业教育应当以学生为本，而实际中个别高校却盲目追求经费投入和学生创业基地孵化数量等量化指标，脱离学生的实际需求，并未提供有效的帮助和指导，反而造成了资源的浪费。

6. 创业教育实践平台短缺

相对于理工科学生，文科学生缺乏利用新技术解决社会问题的思维倾向，创业教育实践平台的短缺限制了文科生的想象力、创新主动性和创业激情。在新文科建设的背景下，需要将大数据、人工智能等新兴技术融入创业教育实践平台，培养学生在数字经济环境下的战略决策能力和创业意识，而许多高校的文科专业对学生的创业教育仍然采用适用于工业经济时代的实践平台，缺乏与时俱进的智能化实训场景。以管理学为例，许多高校的实训场景仍旧是传统的沙盘模拟，滞后于时代发展，无法满足数字经济时代对复合型商科人才的需要。以新闻学为例，一些高校仍旧沿用传统的教学多媒体设备和模拟场景，而人工智能的飞速发展不断推动着媒体创新融合，传统实践平台不足以支持学生面向世界讲好中国故事。建设智能化创业教育实践平台是高校创业教育改革的重要措施，除此之外，一些高校通过校企合作搭建创业教育实践平台。但受限于体制制度、合作目的、利益分配等原因，高校与企业之间的合作还不够深入，学生的理论知识无法与企业的实践深度融合，不能充分发挥产学研融合的协同效应，较浅层次的校企合作无法为创业教育提供高效的实践平台。[5]

四　新文科建设背景下高校创业教育改革与实践方案设计

（一）构建面向全体文科学生的创业教育体系

完善面向全体文科学生的创业教育体系顶层设计，建立全覆盖、分层次、有体系的高校创业教育体系，需要关注以下方面。第一，提高面向全体文科学生的创业素质教育质量，制定与新时代社会发展需求相适应的人才培养方案，为高校教育资源分配指明方向，明确文科创业教育培养目标，增强学生学习创业知识的内生动力。把坚定文化自信、强化价值引领贯穿创业教育全过程，将高校创业教育同社会主义核心价值观和谐统一，开创新文科建设的新局面。第二，在普及素质教育的同时，打造分层次、分阶段的课程体系，完善创业课程设置体系。针对大学一年级、二年级学生，开设思维培养和基础知识类创业课程，如创业管理、创业企业商业模式设计、创业机会识别与风险管理等，增强学生的学习意识和创新精神，奠定创新创业理论基础。针对大学三年级、四年级学生，开设与专业教育深度融合的创业课程，借助创业教育实践平台提升学生的实践能力。配合新文科专业布局优化调整，在创业教育的课程中植入与跨学科专业相关的理论知识。针对研究生，开设如全球创业营销、高科技企业领导力、创新创业管理理论等更为深入的课程。第三，建立有体系的高校创业教育体系，打造课程平台、训练平台、竞赛平台、管理平台和实践平台多位一体的高校创业教育体系，整合与学生创业教育相关的多个部门，形成专门的创业教育管理中心，将创业教育贯穿人才培养全过程，改善各环节彼此割裂、相互分离的状况，提高行政效率和教学效果，全面落实创业教育体系的顶层设计。

（二）推进创业教育与专业教育深度融合

既要完善面向全体文科学生的创业教育通识性基础课程，也要开发体现各专业特点的创业教育体系。第一，采用多样化的教学方法，将创业理念融入专业知识教学过程中，通过案例教学、翻转课堂、嘉宾演讲、模拟演练、实地参访等方式，在专业教育中充分挖掘创业教育资源，启发学生用创新思维探索专业知识。第二，结合区域发展和社会需求，通过课堂之外的创业训练力促创业教育与专业教育有机结合。通过建立学科实验中心、学校创业孵化器、校企共建的合作平台等支持学生在就读期间围绕所学专业开展创业实践，使专业相关创业教育真正落实。第三，仅靠单一的教学单位难以实现创业教育与专业教育的长效性融合，因此还要打破管理体制之间的隔阂。例如，对于法学专业，受限于法律应用领域的门槛较高、创业难度大，学生申报的创业项目与专业知识相关程度低，而法学专业学生可以参加其他院系的创业项目，为它们提供法律服务与支持。由于教学单位的考核指标，限制了学生跨院系申报创业项目，为此高校要为学生破除管理体制下的天然屏障，为学生提供跨学科交流平台，扩大理论知识的实践范围，有效调动学科资源，充分发挥学科优势。通过创业教育与专业教育深度融合，丰富文科知识传导体系，开创文科创业教育的新价值、新视域。

（三）建设专兼职创业教育师资队伍

创业教育一线教师的教学能力能否与时俱进，是新文科建设背景下高校创业教育改革成败的关键。为提升创业教育师资队伍的指导帮扶能力，首先，要打造多元化的创业教育师资队伍，应充分考虑年龄比例、学缘结构和知识背景，促进教学研讨和交流。加大创业导师的培训力度，鼓励教师参与企业咨询、生产经营决策等活动，有针对性地组织缺乏专业实践经验的年轻教师到企业挂职学习，构建一支适应新文科建设要求、兼具教学能力与实践能力的课程团队。其次，可以考虑引进创业教育兼职教师，为本科生提供就业指导服务，邀请学科带头人、企业投资者、行业龙头企业管理者为学生开设学科前沿、市场需求与创业教育相结合的报告、讲座等。此外，培养擅长多种学科教学的任课教师，打破院系单位制的束缚，加强不同学科教师团队的相互合作，立足于文科专业特色，结合各高校擅长的理工科教育，通过项目小组授课、双导师制指导模式培养符合社会发展需要的复合型文科人才。

（四）编写符合中国国情的系统化的创业教育教材

新文科建设背景下创业教育教材的编写，既要固本正源，又要积极求变；既要根植于中华优秀传统文化，又要紧扣国家软实力建设和文化繁荣发展新需求。第一，要坚持新文科建设背景下的价值引领，在教材编写中将道德教育、价值观教育、社会主义教育与专业教育有机结合，培养正确的创业价值观，推动习近平新时代中国特色社会主义思想融入教材、深入课堂。第二，扩充创业教育教材编写委员会，组织多个领域的专家、学者和企业家参与教材编写，编著兼具理论知识和实践指导意义的创业教育教材。对于已经投入使用的教材，通过问卷调查与访谈等形式，广泛征集使用建议，及时进行修订和完善。第三，编写层次分明、有针对性的教材，形成系统化的创业教育教材体系。对于低年级学生应当配备通识性创业教育教材，对于有强烈创业意愿的学生应当编写创业团队管理、创业财务管理、创业法务管理以及创业营销等方面的指导用书，积极推动人工智能、大数据等现代信息技术融入创业教育教材，打造贯穿创业教育全过程的教材体系。

（五）建设新文科创业教育典型案例库

创业教育具有高度实践性与应用性的特点，案例教学可以培养学生的抽象思维和开放性思维，通过对案例的解读能够引导学生将创业理论知识与实践相结合，在建设新文科创业教育典型案例库时应注意以下几点。第一，力求案例与理论知识紧密结合，通过真实案例强化学生对理论知识的理解。第二，案例编写和案例库更新要与时俱进，中国改革开放以来取得的巨大成就为新文科建设背景下的创业教育提供了广泛而深厚的素材，应鼓励创业领域的学者和实践者讲述中国故事，形成具有中国特色、反映新时代特征的创业教育案例库。第三，创新传统案例教学方式，发展互动性、智能化和个性化的案例展示方式，使用多种教学技术充分发挥文科创业教育典型案例库的作用，如采取交互式视频、小组研讨等形式。

（六）优化创业教育质量评价体系

综合考虑创业教育体系中的多元主体是新文科建设背景下提升创业教育质量的重要前提，具体来说高校可以从以下几个方面加以考虑。第一，优化学生个人创业能力的评价标准。创业教育要回归人的发展，而不仅是提升就业质量、积累社会财富，因此必须改革学生创业能力的传统评价指标，不盲目追求参与培训时长、不强制要求参加创业训练项目。建立创业学分转换制度，承认校外高质量创业活动和培训。建立多元化考核制度，结合任课教师、创业导师对学生在课题研究、企业实习中所表现出的创业能力给予的评价。通过测量学生在创业效能感、创业意愿等指标上的变化，对创业教育做出更加有意义的评价。[6] 对于有创业意愿或已开展创业实践的学生，建立档案并长期追踪回访，基于长期教学成果反思改革方向。第二，对于从事创业教育工作的教师，应当划分为不同类型进行考核与激励，对教学岗、科研岗和学生服务岗设计合理的评价指标，将跨学科、跨院系、跨部门研究成果纳入考核体系。第三，在社会资源支持方面，对于参与创业教育实践平台建设的企业，结合行业协会、企业、高校的多元评价和相互评价，健全产教融合创业教育实践平台的评估制度，并定期向社会公布评价结果。此外，区域经济发展、生源质量、社会影响力等因素也应被纳入评价体系，更为客观地评价处于不同地区高校的创业教育质量。

（七）加强产教融合创业教育实践平台建设

产教融合创业教育实践平台建设是解决高校创业教育资源短缺、创业实践不足等问题的关键措施，也是学生熟悉商业环境、激发创业热情并提升创业管理能力的重要渠道。为了更好地打造产教融合创业教育实践平台，企业应从以下几个方面着手。第一，开发智能化创业教育模拟平台和实训场景，引入产业资源和数据信息，填充真实案例，力求各文科专业实训场景跟紧数字化经济转型。针对处在不同阶段的学生群体，搭建不同层次的实践平台。例如，低年级学生通过智能化平台模拟训练，高年级学生进行深度企业参访和参加实习活动，使学生对创业实务有更加立体和全方位的认知和理解。通过产教融合创业教育实践平台促使文科学生主动利用新技术、新手段，对接社会和企业需求，实现新文科建设背景下各专业跨学科、跨领域深度融合。第二，充分调动企业参与创业教育实践平台建设的主动性和积极性，提升企业参与的深度与广度。教育部门发挥纽带作用，联合高校、地方政府和行业协会等多元主体，采取激励措施，如根据企业贡献度奖励专项基金、税收减免。[7] 依托产教融合创业教育实践平台，开展符合双方期待和双方利益的活动，如高校提供创新思路和技术解决方案，企业提供实践平台促进成果转化。

五　结论

新文科建设为高校创业教育改革提供了重要着力点，打开了全新的视角。

高校创业教育是推动高等教育跨越式发展和经济高质量发展的重要推手。然而，由于存在面向全体文科学生的创业教育体系顶层设计不全面、教学内容和教学方式单一、教师队伍构建不完善、教材与典型案例库欠缺、质量评价体系不健全、实践平台短缺等问题，高校创业教育难以满足新文科建设背景下人才培养的要求。对此，本文从七个方面设计了新文科建设背景下高校创业教育改革方案与实践路径：构建面向全体文科学生的创业教育体系，推进创业教育与专业教育深度融合，建设专兼职创业师资队伍，编写符合中国国情的系统化的创业教育教材，建设新文科创业教育典型案例库，优化创业教育质量评价体系和加强产教融合创业教育实践平台建设。力求在新文科建设的背景下，促进创业教育与社会实务紧密结合，服务于创新型国家建设，提升国家文化软实力。

参考文献

［1］〔美〕杰弗里·蒂蒙斯．创业学［M］．周伟民，吕长春，译．北京：人民邮电出版社，2005.

［2］张秀娥，张坤．创业教育对创业意愿作用机制研究回顾与展望［J］．外国经济与管理，2016，38（4）：101-113.

［3］张秀娥，徐雪娇，林晶．创业教育对创业意愿的作用机制研究［J］．科学学研究，2018，36（9）：1650-1658.

［4］张俊宗．新文科：四个维度的解读［J］．西北师大学报（社会科学版），2019，56（5）：13-17.

［5］江涛涛，王文华．新文科建设背景下商科创新创业教育改革研究［J］．财会通讯，2021（21）：173-176.

［6］杨小芳．建构大学生创新创业教育质量评价体系——评《中国高校创新创业教育质量评价研究》［J］．大学教育科学，2021（5）：封面．

［7］翁伟斌．职业教育产教融合平台建设的现实诉求和推进策略［J］．内蒙古社会科学（汉文版），2019，40（4）：183-188.

Research on the Reform and Practice of Entrepreneurship Education in Colleges and Universities under the Background of Constructing the New Liberal Arts

Zhang Xiue, *Liang Yuting*

Abstract：Under the background of constructing the new liberal arts, entrepreneurship education in colleges and universities has been endowed with a mission of the new era. High-quality entrepreneurship education can cultivate compound liberal arts talents who meet the development requirements of the new era and promote high-quality economic development. However, the current entrepreneurship education in colleges and universities still has problems such as incomplete top-level design of the entrepreneurship education system for all liberal arts students, monotonous teaching content and teaching method, incomplete teacher team construction, lack of textbooks and typical case bases, weak quality evaluation system, and shortage of practice platform. Therefore, it is necessary to construct an entrepreneurship education system for all liberal arts students, promote the in-depth fusion of entrepreneurship education and professional education, and build full-time and part-time faculty of entrepreneurship education, compile systematic entrepreneurship education textbooks in line with the situation of China, build a typical case database of entrepreneurship education for the new liberal arts, optimize quality evaluation system of entrepreneurship education, and strengthen the construction of entrepreneurship education practice platform integrating production and education.

Keywords：Entrepreneurship Education；the New Liberal Arts；Colleges and Universities；Education Reform

大学生创业学习对创业能力的影响研究

张　玲　恽诚涛

【摘　　要】中国的高质量发展急需新生代创业者的助力，作为创业的潜在主力军，中国大学生的低创业率和高创业失败率与国外大学生形成鲜明的对比。虽然近年来我国针对大学生创业推行了众多鼓励政策，但并未有效地改善此窘境。基于此，本文以大学生作为研究对象，在文献回顾的基础上从知识获取的角度探究创业学习的两个维度对创业能力的影响，以及认知学习与经验学习的交互效应对创业能力的影响。实证分析结果表明，认知学习与经验学习都显著正向影响创业能力，但它们的交互作用对创业能力的影响并不显著。基于此，要想增强大学生的创业能力，可从拓展大学生经验学习渠道、提升大学生认知学习质量和效率以及充分发挥经验学习与认知学习各自的优势三个方面入手。

【关 键 词】大学生　创业学习　创业能力　认知学习　经验学习

一　引言

"大众创新、万众创业"是推进中国高质量发展的重要理念，是全面建设

【作者简介】张玲，女，河北无极人，管理学博士，吉林大学商学与管理学院副教授，硕士研究生导师，研究方向为领导力、知识管理和创业管理。恽诚涛，男，江苏常州人，吉林大学商学与管理学院2021级企业管理专业硕士研究生。

社会主义现代化强国的有效政策。习近平总书记强调，依据党的教育方针，在学生培育路径上，教育要与生产劳动和社会实践相结合，这也是马克思主义及其中国化理论的基本教育原理。大学生的创业与就业情况，是检验教育效果的最直接标准。大学生创业作为就业的有效补充，近年来得到国家和社会的持续关注。提升大学生素质，促进大学生全面发展，大力支持高校毕业生成功且高质量创业是国务院办公厅下发的《关于进一步支持大学生创新创业的指导意见》的总体要求。国家针对大学生创业推出了多项鼓励政策，一方面允许大学生休学创业（《国务院办公厅关于深化高等学校创新创业教育改革的实施意见》），另一方面在纳税上给予了很大的优惠力度（《国务院办公厅关于发展众创空间推进大众创新创业的指导意见》）。

　　然而，政策支持并未实现大学生的高创业率，《中国青年报》的调查表明，全国高校中约有 80% 的大学生有创业意愿，但是真正实施创业的学生比例仅为 2.4%，这与美国大学生 23% 的创业率形成鲜明的对比。创业行为是主客观两方面综合作用的结果，一方面在客观上受到外部创业条件的制约，另一方面在主观上受到创业者能力的影响。在创业环境日趋完善的前提下，主观因素成为创业行为能否产生的关键，创业学习对主观上创业能力的形成起到重要作用。创业学习不仅是个体创业者创业知识的主要来源，也是创业者及时捕捉有价值的创业机会的重要渠道[1]，在个体创业能力、创业活动及行为形成的过程中扮演了重要的角色，是个体提高自身能力，影响创业成功的关键要素[2]。

　　以往关于创业学习的研究中，将它分为经验学习和认知学习两种类型，其中创业经验学习是指以亲身经历、亲身参与为主的学习类型，创业认知学习是对创业知识的获取、理解及吸收[3]，但是不同学者对创业学习之于创业能力的影响持有的观点大相径庭。有学者认为认知学习是创业能力提升的主要因素，而有的学者却认为经验学习才是影响创业能力的核心[4]，并且以往关于创业能力的研究主要针对的是创业者[5]，而大学生作为潜在创业者的创业学习与创业者有很大不同：一方面，大学生掌握着新技术新思想但缺乏创业经验；另一方面，大学生创业热情高涨但实际行动能力差。因此，本文从潜在创业者的创业学习特点出发，探讨它对创业能力的作用机理。

二　概念与研究假设

（一）概念

1. 创业学习

创业学习被认为是在新创企业形成过程中所产生的学习。[6] 企业家是行为导向的，通过经历和机会的识别而成为企业家，企业家的学习方式有很多种，如复制学习、实验学习、解决问题学习、捕捉机会学习和试错学习。[7] Politis 从企业家的角度分析了创业学习的动态过程，认为企业家在创业的复杂过程中所获得的经验和知识都是创业学习的结果，在创办和管理新创企业中的经验经过探索和利用的过程形成创业知识，并且经验被认为是创业学习的中心。[8] 但是对于大学生这个潜在创业群体来说，除了经验学习的途径外，更多的是通过讲座、研讨、案例等认知形式所获取的"关于（about）"创业的知识，Martin 等在对学校学生创业意愿的研究过程中发现，其创业学习应该有知识学习和技能学习两个方面[9]。所以，结合本文的研究对象，对于创业学习，从经验学习和认知学习两个角度进行衡量。

2. 创业能力

Bird 认为创业能力是个体所具有的一种潜在的能够影响新创企业创立、生存及成长的特质。[10] 创业能力是创业者通过先天经验和外部学习所获得的智力资本，也是创业者评估自身能否完成具体创业行为所需的能力[11]，会直接影响创业者的创业。创业能力可以从两个层面进行衡量，个体层面的创业能力包括识别机会的创业技能以及与管理相关的能力[12]；组织层面的创业能力包括机会识别能力与运营管理能力[13]。而大学生的创业能力主要体现为在创业实践过程中的自我生存与自我发展，指的是能够使大学生顺利实现创业目标的知识和技能。[14] 在本文中创业能力指的是具有潜在创业倾向的大学生通过先天经验和外部学习所获得的智力资本，是创业者能成功履行职责的相关能力的总和。

3. 经验学习

经验学习观是最为经典、最受学者关注的观点，即创业者通过转化过往的已有经验来获得创业知识。[15] Politis 认为经验学习是将自身的直接经验开发成创建以及管理新企业所需知识的连续过程，通过探索新的可能性和利用已有知识，可以提高创业者识别以及利用机会的能力。[8] Petkova 依据行为学习理论，提出经验学习是一种试错过程，强调个体在任务中不断重复寻找最合适的方法，从而积累经验、增长知识。[16] Minniti 和 Bygrave 认为创业者会放弃失败的选择，而只关注那些有希望的选择，通过过去的经验，积累并更新他们的知识库。[17] 以上学者都强调创业知识源于经验，经验学习是已有经验持续转化为个人知识集合的过程。在本文中经验学习主要指大学生在校期间通过校外实践、与企业接触等一系列活动积累创业直接性知识的过程。

4. 认知学习

认知学习，是指将获得的外部可利用的信息、知识和经验等作为自身学习的资源，关注、借鉴以及模仿心中认可的标杆或表率的行为[18]，因此也被部分学者称为观察学习，即通过观察外部行为以及结果，通过自身认知能力的加工形成知识[19]。Krueger 提出认知学习会导致独特的思维和行为。[20] Corbett 和 Hmieleski 认为认知过程塑造了知识的表征，反过来知识表征也会影响行为。[21] Holcomb 等强调了他人经验的重要性，特别是取得成功的经历对个体的重要价值，他们把认知学习解释为个体首先关注到他人的行为，其次保留、消化、吸收自己认为有价值的信息，最后结构化为自己的知识的过程。[19] Young 和 Sexton 关注学习者的认知结构，将认知学习看作学习者从各阶段活动中获取、存储、运用知识，构建以及更新知识结构的过程。[22] 本文中的认知学习指的是大学生参加创业有关课程以及培训、阅读创业书籍案例获得创业间接性知识的过程。

（二）研究假设

1. 创业学习与创业能力的关系及假设

创业学习对创业能力的积极作用一直受到学者的广泛关注和认同。美国将创业学作为一个独立的学科，认为创业学习能够给创业主体带来创业过程中所需要的知识和技能，使之更好更快地创业，由此带来创业的持续发展。[23] 创业能力的形成和提升本质上是创业学习的过程[24]，创业者拥有的知识储备是影响其创业行为和创业成长的关键因素[25]。创业者通过长期的学习，不断获取创业知识，从显性知识到隐性知识的转化过程本质上是能力的提升。[26] 以学生为对象的研究中，也有学者认为积极参与创业学习能够提高学生相应的创业能力。[27] 张玉利基于经验学习的视角解释了创业能力的形成，强调通过对已有经验进行总结、学习提升创业能力[28]；谢雅萍和黄养娇从认知学习的视角出发，认为社会网络在创业者获取资源、提升创业能力的过程中发挥着重要作用[29]。除此之外，于晓宇专门从创业失败的角度出发，认为创业者可以通过反思、再学习来优化创业失败的学习效果，从而提升创业能力并恢复后续创业动机[30]。

基于上述观点，本文提出以下假设：

H1：创业学习对创业能力具有积极的影响。

2. 经验学习与创业能力的关系及假设

很多学者认为经验学习对个体创业能力的形成起到关键作用，并从不同角度对经验学习方式进行了划分：有以失败作为尝试从而汲取经验的学习[16,31]，有在做中学（doing）以及交流（talking）中开展的学习等[32]。并且指出，对于创业者尤其是成功的创业者，创业知识及能力主要是通过经验学习获得的，经验学习才是创业学习的根本所在[5]。学者们认为经验学习更有利于创业相关知识和经验的积累，因而也更有利于创业能力的形成，经验能够提供最为直接的创业知识和信息[12]，能够为创业者再次创业奠定基础[33]。但是大学生的经验学习有别于创业者的经验学习，创业者可以通过在创业过程中实现做中学以及与其他创业者进行交流学习来提高自身的创业能力，还可以通过从以往的失败经历中吸取教训来实现创业能力的提升，然而大学生的经验学习大多来自在校参加创业训练项目以及实习。这些通过在校实践获得的知识能够让他们更为直接地体验创业过程，促进其创业能力的提升。

基于上述观点，本文提出以下假设：

H2：经验学习对创业能力具有积极的影响。

3. 认知学习与创业能力的关系及假设

有学者通过研究发现认知学习对创业能力的形成也具有重要的作用。Mitchell 认为创业的认知学习过程是个体的一种知识重构过程，它能够影响创业者对机会的评估、识别和判断。[34] Corbett 在研究中强调了认知学习对创业者创建新企业的重要性，而个体的认知过程能够为新创企业奠定坚实的理论基础。[35] Zahra 和 Filatotchev 通过案例研究法分析发现创业者的认知过程在创业者做出决策及对新产品的开发中都起到关键的作用，认为创业者认知学习的过程、结果及行为受到创业者本身及所处环境的影响，并进一步会影响创业者自身的决策能力。[36] 大学生的认知学习主要来自在校期间对创业相关课程的学习、阅读创业成功和失败的案例或者与成功创业者的交流互动，这不仅可以提高大学生对创业相关环节的熟悉程度，也会有效地为学生提供发现成功角色模型的机会以及成功创业者的生活和工作方式，从而提高大学生的创业能力。[37]

综上所述，本文认为认知学习同样会对创业能力产生影响，并且丰富的认知学习能够有效地提高个体的创业能力，基于此本文提出以下假设：

H3：认知学习对创业能力具有积极的影响。

4. 两种创业学习方式的交互效应对创业能力的影响及假设

有关创业学习的研究中认为认知学习和经验学习是两种不同的创业学习方式，应该对知识及经验的获取进行有效区分，但两者同时存在于创业者学习过程中。[38] 认知的过程是将知识进行同化和吸收并进一步储存在记忆中，使之能够被更大程度地调用的过程，而经验学习是一个通过经验转换创造知识的过程。[39] Clark 和 Mayer 通过实证对"看"中学和"做"中学两种不同学习方式进行对比研究，发现频繁的行为响应并不能有效地促进学习，在行为学习过程中需要有前期的阅读准备，这样才能够有效地提升学习者的学习效果；实证研究还发现在特定情况下"看"中学比"做"中学更有效。[40]

有部分学者认为认知学习和经验学习两者是互相融合在一起的，不能够完全隔离开来，并且在对创业能力的提升过程中具有交互作用。[41] Tschannen-Moran 和 Barr 通过对两个班级的调查研究发现认知学习和经验学习对学生知识的影响并没有显著的差异，也就是说认知学习和经验学习的重要程度是相同的。[42] Martin 等进一步对经验学习和认知学习的关系进行了说明，并认为在组织层面认知学习与经验学习是相互转化和相互促进的。[9] Gherardi 则从组织学习角度提出，嵌入实践及组织任务中的认知成分能够有效促进组织学习的发生，进而提高工作绩效。[43]

综上所述，经验学习与认知学习能够对创业能力的提升产生积极影响已经得到了很多学者证明，且经验学习与认知学习之间也确实存在相互作用关系，因此本文提出以下假设：

H4：认知学习与经验学习的交互作用正向影响创业能力的形成。

基于上述分析，本文的理论模型如图 1 所示。

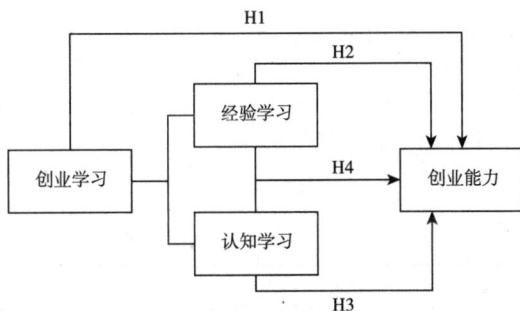

图 1　创业学习影响创业能力的理论模型

三　样本、数据与变量测量

（一）问卷设计与研究样本

本文以大学生作为研究对象，研究样本同时满足以下两个条件：（1）即将毕业的大三大四学生；（2）高职高专学历及以上。在正式调查之前，通过对 23 位研究者所在高校的学生进行适度的访谈及小样本的问卷测试，对问卷中不当的表达进行了适当的调整。在正式调查中，研究者从 2016 年 1 月到

2016 年 4 月中旬通过线上及线下共计发放问卷 550 份，共收回问卷 340 份，问卷回收率为 61.8%。其中，剔除无效问卷（回答不完善或验证题项回答不一致）111 份，回收的有效问卷数为 229 份，问卷回收有效率为 67.4%。表 1 所示为样本分布情况。

表 1　样本分布情况（N = 229 个）

基本特征		样本数量（个）	所占比例（%）
性别	男	124	54.1
	女	105	45.9
年龄	20 岁以下	2	0.9
	20~25 岁	183	79.9
	25 岁及以上	44	19.2
专业	管理类	69	30.1
	非管理类	160	69.9
家庭创业史	有家庭创业史	92	40.2
	几乎没有家庭创业史	137	59.8
地理位置分布	长春	47	20.5
	石家庄	35	15.4
	杭州	34	14.8
	成都	63	27.5
	南昌	50	21.8

（二）变量的测量

1. 创业学习

本文研究借鉴认知学习和经验学习的相关理论，在相关学者对两种学习方式测度的基础上[44]，结合大学生创业学习实际情况形成大学生创业学习量表初稿。并通过预调查对创业学习量表初稿进行适当的修改，得到最终的创业学习量表。量表总共包含六个条目，其中认知学习包括三个条目、经验学习包括三个条目，采用李克特 5 点评分法进行打分。

2. 创业能力

在创业能力相关研究中，很多学者从创业成功者角度对创业能力的维度进行了划分[16]，但是并没有从潜在创业者角度对创业能力进行相应的界定。因此，本文研究借鉴 Edgar 针对学生创业学习着重培养的能力进行的研究[45]，并在对与创业能力有关的 20 多个条目进行调查后，运用经过统计分析改良得到的八个条目来衡量大学生的创业能力，它们分别为：决策能力、创新思维、分析和解决问题能力、机会的识别、评估商业机会、沟通能力、谈判能力以及网络能力。

四　统计分析与假设检验

（一）信度与效度检验

本文采用 Cronbach's Alpha 系数来检验量表的信度，并通过 AMOS 17.0 和极大似然估计法对变量进行了验证性的因子分析，在拟合指标选取中，通过 χ^2/df、GFI、RFI、NFI、IFI 及 RMSEA 等多个指标来评价模型拟合度，具体结果如表 2 所示。

表 2　变量的信度和因子分析结果

变量	题项	项已删除的 Alpha 系数	Cronbach's Alpha 系数	拟合指标
认知学习	创业相关课程的学习	0.795	0.827	χ^2/df = 2.097 GFI = 0.983 RFI = 0.947 NFI = 0.979 IFI = 0.989 RMSEA = 0.069
	对创业成功人士行为的关注	0.797		
	阅读创业成功/失败的案例和书籍	0.785		
经验学习	参加创业相关项目及活动情况	0.812		
	自身进行的创业尝试情况	0.811		
	通过实习积累的创业经验情况	0.795		
创业能力	理性思考并做出决策的能力	0.748	0.778	χ^2/df = 2.019 GFI = 0.960 RFI = 0.880 NFI = 0.918 IFI = 0.957 RMSEA = 0.067
	突发奇想的创新思维能力	0.749		
	分析及解决问题的能力	0.725		
	识别市场机会的能力	0.810		
	商业机会的分析及评估能力	0.759		
	与他人的沟通能力	0.729		
	日常生活中的谈判能力	0.760		
	熟练运用互联网工具的网络能力	0.744		

表 2 显示，认知学习、经验学习及创业能力各维度之间存在内部一致性，Cronbach's Alpha 系数均大于 0.7，表明量表中各变量的信度较高。通过验证性因子分析发现，所有变量的 RMSEA 的值均小于 0.08，且除创业能力中 RFI 的值为 0.880 略小于 0.9 之外，其余变量的 GFI、RFI、IFI 等值均大于 0.9，表明量表的效度较高。

（二）相关性分析

因为各变量的 AVE 值大于因子之间的相关系数，方差膨胀因子 VIF 小于 10，因此可以排除变量之间的多重共线性。各变量的均值、标准差及相关系数等如表 3 所示。创业学习与创业能力的相关系数为 0.615（p<0.01），假设 H1 得到了验证。经验学习与创业能力的相关系数为 0.538（p<0.01），假设 H2 得到了验证。除此之外，认知学习与创业能力的相关系数为 0.523（p<0.01），假设 H3 得到了验证。这为本文研究假设的验证提供了初步的支持。

表 3　变量的均值、标准差及相关系数

变量	创业学习	认知学习	经验学习	创业能力	决策能力	创新思维	解决问题	机会识别	机会评估	沟通能力	谈判能力	网络能力
创业学习	1.000											
认知学习	0.878**	1.000										
经验学习	0.839**	0.477**	1.000									
创业能力	0.615**	0.523**	0.538**	1.000								
决策能力	0.468**	0.397**	0.407**	0.697**	1.000							
创新思维	0.447**	0.349**	0.425**	0.674**	0.411**	1.000						
解决问题	0.447**	0.380**	0.388**	0.783**	0.523**	0.511**	1.000					
机会识别	0.156*	0.128	0.146*	0.239**	-0.032	0.047	0.183**	1.000				
机会评估	0.381**	0.301**	0.359**	0.566**	0.320**	0.281**	0.348**	0.239**	1.000			
沟通能力	0.441**	0.373**	0.389**	0.765**	0.407**	0.407**	0.464**	0.195**	0.364**	1.000		
谈判能力	0.353**	0.339**	0.263**	0.614**	0.328**	0.325**	0.347**	0.020	0.225**	0.498**	1.000	
网络能力	0.414**	0.367**	0.344**	0.683**	0.395**	0.323**	0.479**	0.165*	0.257**	0.476**	0.314**	1.000
均值					3.59	3.40	3.56	3.40	3.91	3.64	3.31	3.54
标准差					0.882	0.953	0.874	1.032	0.876	0.830	0.875	0.943

注：** 表示 p<0.01，* 表示 p<0.05。

（三）层级回归分析与假设检验

本文采用层级回归分析方法对相关假设再次进行验证，并将控制变量作为第一层级，自变量依次在第二、第三、第四层级引入回归方程（见表4）。

表4　认知学习、经验学习影响创业能力的回归结果

变量		创业能力			
		模型 1	模型 2	模型 3	模型 4
控制变量	性别	−0.227	−0.037	−0.297 *	−0.138
	创业史	0.351 **	0.462 ***	0.023	−0.112
	年龄	0.237	0.211	0.170	0.145
	学历	−0.095	−0.097	−0.149	0.148
	专业	0.119	−0.028	0.062	−0.148
自变量	认知学习		0.449 ***		0.431 ***
	经验学习			0.440 ***	0.420 ***
R^2		0.059	0.247	0.226	0.399
Adjusted R^2		0.038	0.227	0.205	0.380
F		2.812	12.167 ***	10.781 ***	20.925 ***
ΔR^2			0.188	0.166	0.339
ΔF			55.501 ***	47.681 ***	62.339 ***

注：*** 表示 $p<0.001$，** 表示 $p<0.01$，* 表示 $p<0.05$。

模型1中，控制变量除创业史外系数均不显著，回归分析结果表明创业史对创业能力具有显著正效应（$p<0.01$）。模型2中，控制变量中的创业史与自变量中的认知学习对创业能力均具有显著正效应（前者 $\beta=0.462$，$p<0.001$；后者 $\beta=0.449$，$p<0.001$）。模型3中，控制变量中的性别对创业能力具有较显著的负效应（$\beta=-0.297$，$p<0.05$），自变量经验学习对创业能力具有显著的正效应（$\beta=0.440$，$p<0.001$）。模型4中，控制变量对创业能力的影响均不显著，自变量认知学习与经验学习对创业能力均具有显著的正效应（前者 $\beta=0.431$，$p<0.001$；后者 $\beta=0.420$，$p<0.001$）。认知学习、经验学习影响创业能力的回归结果显示，两种创业学习方式都能够对创业能力产生积极的影响，假设 H2、H3 再次得到了验证。

为了进一步分析两种创业学习方式的交互作用对创业能力的影响，本文构建了三个回归模型，如表 5 所示。在认知学习与经验学习对创业能力影响回归分析的基础上，引入模型 3 具体分析了两种学习方式的交互作用对创业能力的影响。回归分析结果显示，在引入交互项后，认知学习与经验学习对创业能力的影响均具有显著的正效应（前者 $\beta = 0.431$，$p < 0.001$；后者 $\beta = 0.421$，$p < 0.001$），但认知学习与经验学习的交互项对创业能力的影响并不显著（$\beta = -0.012$，$p > 0.5$）。综上所述，假设 H4 没有得到验证。

表 5　两种不同创业学习方式及其交互效应影响创业能力的回归结果

变量		创业能力		
		模型 1	模型 2	模型 3
控制变量	性别	−0.227	−0.112	−0.111
	创业史	0.351 **	0.145	0.147
	年龄	0.237	0.148	0.152
	学历	−0.095	−0.148	−0.144
	专业	0.119	−0.078	−0.077
自变量	认知学习		0.431 ***	0.431 ***
	经验学习		0.420 ***	0.421 ***
	认知学习×经验学习			−0.012
R^2		0.059	0.399	0.399
Adjusted R^2		0.038	0.380	0.377
F		2.812	20.925	18.239
ΔR^2			0.339	0.000
ΔF			62.339	0.060

注：*** 表示 $p < 0.001$，** 表示 $p < 0.01$。

五　结论与展望

本文在界定认知学习、经验学习与创业能力关系的基础上，探讨了两种不同创业学习方式及其交互作用对创业能力的影响，并构建了变量之间的关系模型，通过对 5 个地区 12 所高校的 229 份有效问卷进行了实证研究，研究结果如下。

首先，两种不同创业学习方式对创业能力均具有显著性的正向影响。一方面，大学生可以通过在校期间对创业知识及理论的相关学习提升自身创业能力；另一方面，也可以利用业余时间通过校外的实践丰富自身的创业经验。在大学生创业教育过程中应该将理论和经验相结合，在强调大学生理论学习的基础上辅以实践及经验学习，如此才可以更好地促进大学生创业能力的形成。

其次，虽然认知学习及经验学习能够有效地促进个体创业能力的形成，但根据本文的研究假设 H4 没有得到验证。这不能说明认知学习与经验学习的交互作用对大学生创业能力没有影响，只能说明，基于本文研究的统计样本，被调查者的两种创业学习方式的交互作用对提升其创业能力的效果不显著。原因可能在于以下几个方面。第一，从数据结构层面分析，在样本里表现为具有高认知学习分值的研究型大学生往往具有较低的经验学习分值，而具有高经验学习分值的高职高专学生大部分具有较低的认知学习分值，这两大类特征的样本在作为一个整体样本被分析时，会导致交互之后变量的高低不清晰、变化不统一。第二，从实际情况层面分析，样本中研究型大学的学生主要进行研究类别的创业，主要依靠的是认知学习所带来的知识型收益，经验学习的程度并不会显著影响他们在创新型创业方面的能力；样本中高职高专院校的学生主要进行的是技术运用类的创业，主要依靠的是经验学习所提供的技能型收益，认知学习的程度并不会显著影响他们在生存型创业方面的能力。综上所述，整体学生认知学习与经验学习的比例存在很大差异，不同学历的学生认知学习与经验学习的比例也具有显著差异，导致经验学习和认知学习很难进行相互的影响和融合。

本文为创新创业领域的探索性研究，存在一些不足，有待后续研究的补充与深入。首先，不同类型的学生创业者会面临不同的任务与压力，创新型创业的学生更重视基础技术的研发与转化，生存型创业的学生则更重视已有技术的应用与改进，接下来的研究可以关注不同类别创业者创业能力的影响因素。其次，本文采用国外的成熟量表，在此基础上做了修正和完善，虽然样本数据的效度和信度检验结果较好，但量表本身存在主观性，大学生在参与问卷填写的时候自身理解与题项可能会存在一定的偏差，未来的研究可考虑将主观数据与客观数据相结合。

六　建议

根据上述大学生创业学习对创业能力提升的作用机理分析，结合经验学习与认知学习对创业能力具有促进作用的研究结论，为提升大学生创业能力，特提出以下几条建议。

（一）拓展大学生经验学习渠道

以"大众创业、万众创新"为导向，加强创业教育师资队伍建设，充分挖掘从事创业研究的教师、知名企业校友、特聘社会讲师等资源，结合校外机构平台，打造"创业第二课堂"，为学生了解前沿知识、积累创业经验提供机会，加强对学生创业项目的全过程、多方位、个性化指导。增进与创业园、孵化器以及其他优秀新创企业的联系，邀请社会主体合力创设创业实践基地，形成便利化、全要素、开放式的创业服务平台，完善校企联合培养学生模式与机制，营造"敢于创业、善于创业"的学习实践氛围，鼓励大学生到合作企业实习，以学促用，以行增学，学用相长，在实践中深化对社会经济规律、企业经营模式、创业所需能力的认识和理解。

（二）不断提升认知学习质量和效率

创新创业学习相关课程设置，结合新时代背景与学校发展资源，编写符合本地区实际情况的教材或选用优秀创业示范高校的教学用书，注重东西方创新理论的融合，提高理论体系对中国化情境的适配度。与中国管理案例共享中心、中国专业学位案例中心、哈佛案例库等平台保持密切合作，充分运用案例资源，创设案例教学情景，使学生在课堂上了解学科的理论知识，身临其境地面对创业过程中的难点和堵点，通过引导学生解决案例情景问题促进学生创业能力提升，以直接知识与间接知识的协调统一，为学生创业学习提质增效。树立典型、示范引领，积极宣传优秀创业团队、优秀校友创业经验，以身边人讲身边事，通过与成功创业者进行知识经验的交流互动拉近学生与创业实践的距离，树立学生的创业主体地位，激发其内生动力，调动其积极性、主动性、创造性，打好创业能力提升的"组合牌"。

（三） 改革创业教育的形式，充分发挥经验学习与认知学习的各自优势

创业类型分为生存型创业和创新型创业，要在社会中倡导"不管生存型创业者还是创新型创业者，能产生价值、对社会做出贡献的就是优秀创业者"的价值观。学生培养单位要区分受教学生的类型，准确把握个人特质，做到因材施教。对于倾向于创新型创业的学生，重视其认知学习情况，鼓励该群体多参加高端的学术论坛、会议，为他们提供充足的科研设施与资源。而对于偏好生存型创业的学生，则需要更加关注其经验学习效果，鼓励该群体多参加商界精英组织的沙龙、创业项目竞赛，为他们提供较为先进、能与市场接轨的操作与加工设备。同时，调动与激发各类型大学生的创业激情，引导不同类型的学生合作交流，组队参加社会上的创新创业活动，为未来的创业打下基础。

参考文献

［1］Zahra S A，Abdelgawad S G，Tsang E W K. Emerging multinationals venturing into developed economies：Implications for learning，unlearning，and entrepreneurial capability ［J］. *Journal of Management Inquiry*，2011，20（3）：323-330.

［2］Rasmussen E，Borch O J. University capabilities in facilitating entrepreneurship：A longitudinal study of spin-off ventures at mid-range universities ［J］. *Research Policy*，2010，39（5）：602-612.

［3］Cope J. Entrepreneurial learning from failure：An interpretative phenomenological analysis ［J］. *Journal of Business Venturing*，2011，26（6）：604-623.

［4］杨道建，赵喜仓，陈文娟. 大学生创业培养环境、创业品质和创业能力关系的实证研究 ［J］. 科技管理研究，2014（20）：129-136.

［5］Erikson T. Towards a taxonomy of entrepreneurial learning experiences among potential entrepreneurs ［J］. *Journal of Small Business and Enterprise Development*，2003，10（1）：106-112.

［6］Pittaway L，Cope J. Entrepreneurship education：A systematic review of the evidence ［J］. *International Small Business Journal*，2007，25（5）：479-510.

［7］ Gibb A A. Small firms' training and competitiveness：Building upon the small business as a learning organisation ［J］. *International Small Business Journal*, 1997, 15（3）：13−29.

［8］ Politis D. The process of entrepreneurial learning：A conceptual framework ［J］. *Entrepreneurship Theory and Practice*, 2005, 29（4）：399−424.

［9］ Martin M, Clare L, Altgassen A M, et al. Cognition-based interventions for healthy older people and people with mild cognitive impairment ［J］. *The Cochrane Database of Systematic Reviews*, 2011（1）：CD006220.

［10］ Bird B. Towards a theory of entrepreneurial competency ［J］. *Advances in Entrepreneurship，Firm Emergence and Growth*, 1995, 2（1）：51−72.

［11］ 唐靖，姜彦福. 创业能力概念的理论构建及实证检验 ［J］. 科学学与科学技术管理, 2008（8）：52−57.

［12］ 张玉利，王晓文. 先前经验、学习风格与创业能力的实证研究 ［J］. 管理科学, 2011（3）：104−105.

［13］ 董保宝. 风险需要平衡吗：新企业风险承担与绩效倒 U 型关系及创业能力的中介作用 ［J］. 管理世界, 2014（1）：120−131.

［14］ Man T W Y, Lau T. Entrepreneurial competencies of SME owner/managers in the Hong Kong services sector：A qualitative analysis ［J］. *Journal of Enterprising Culture*, 2000, 8（3）：235−254.

［15］ 单标安，蔡莉，鲁喜凤，刘钊. 创业学习的内涵、维度及其测量 ［J］. 科学学研究, 2014, 32（12）：1867−1875.

［16］ Petkova A P. A theory of entrepreneurial learning from performance errors ［J］. *International Entrepreneurship and Management Journal*, 2009, 5（4）：354−367.

［17］ Minniti M, Bygrave W. A dynamic model of entrepreneurial learning ［J］. *Entrepreneurship Theory and Practice*, 2001, 25（3）：5−16.

［18］ 单标安，蔡莉，陈彪，鲁喜凤. 中国情境下创业网络对创业学习的影响研究 ［J］. 科学学研究, 2015, 33（6）：899−906+914.

［19］ Holcomb T R, Ireland R D, Holmes R M, Hitt M A. Architecture of entrepreneurial learning：Exploring the link among heuristics, knowledge, and action ［J］. *Entrepreneurship Theory and Practice*, 2009, 33（1）：167−192.

［20］ Krueger N F. The cognitive psychology of entrepreneurship ［M］//*Handbook of Entrepreneurship Research*. Springer, 2003.

［21］ Corbett A C, Hmieleski K M. The conflicting cognitions of corporate entrepreneurs

［J］. *Entrepreneurship Theory and Practice*, 2007, 31 (1)：103-121.

［22］ Young J E, Sexton D L. Entrepreneurial learning：A conceptual framework ［J］. *Journal of Enterprising Culture*, 1997, 5 (3)：223-248.

［23］ 熊飞，邱菀华. 美国创业学发展及其对中国的借鉴 ［J］. 科学学研究, 2006 (1)：132-137.

［24］ Man T W Y. Developing a behaviour-centred model of entrepreneurial learning ［J］. *Journal of Small Business and Enterprise Development*, 2012, 19 (3)：549-566.

［25］ Shane S. Prior knowledge and the discovery of entrepreneurial opportunities ［J］. *Organization Science*, 2000, 11 (4)：448-469.

［26］ Fleck J. Informal information flow and the nature of expertise in financial services ［J］. *International Journal of Technology Management*, 1996, 11 (1-2)：104-128.

［27］ Pittaway L, Cope J. Simulating entrepreneurial learning integrating experiential and collaborative approaches to learning ［J］. *Management Learning*, 2007, 38 (2)：211-233.

［28］ 张玉利. 如何从创业失败中吸取教训？［J］. 中外管理, 2011 (9)：1-12.

［29］ 谢雅萍，黄美娇. 社会网络、创业学习与创业能力——基于小微企业创业者的实证研究 ［J］. 科学学研究, 2014 (3)：400-410.

［30］ 于晓宇. 创业失败研究评介与未来展望 ［J］. 外国经济与管理, 2011 (9)：19-26.

［31］ Baron R A, Ensley M D. Opportunity recognition as the detection of meaningful patterns：Evidence from comparisons of novice and experienced entrepreneurs ［J］. *Management Science*, 2006, 52 (9)：1331-1344.

［32］ Weick K E. *Sensemaking in Organizations* ［M］. Thousand Oaks, CA：Sage, 1995.

［33］ Mitchell R K, Busenitz L, Lant T, et al. Toward a theory of entrepreneurial cognition：Rethinking the people side of entrepreneurship research ［J］. *Entrepreneurship Theory and Practice*, 2002, 27 (2)：93-104.

［34］ Mitchell M E. Entrepreneurial activities in human resource management ［J］. *American International College Journal of Business*, 2000：12-28.

［35］ Corbett A C. Learning asymmetries and the discovery of entrepreneurial opportunities ［J］. *Journal of Business Venturing*, 2007, 22 (1)：97-118.

［36］ Zahra S A, Filatotchev I. Governance of the entrepreneurial threshold firm：A knowledge-based perspective ［J］. *Journal of Management Studies*, 2004, 41 （5）: 885−897.

［37］ Zhao H, Seibert S E, Hills G E. The mediating role of self-efficacy in the development of entrepreneurial intentions ［J］. *Journal of Applied Psychology*, 2005, 90 （6）: 1265−1272.

［38］ Martín-Rojas R, García-Morales V J, Bolívar-Ramos M T. Influence of technological support, skills and competencies, and learning on corporate entrepreneurship in European technology firms ［J］. *Technovation*, 2013, 33 （12）: 417−430.

［39］ Kolb D A, Boyatzis R E, Mainemelis C. Experiential learning theory: Previous research and new directions ［J］. *Perspectives on Thinking, Learning, and Cognitive Styles*, 2001 （1）: 227−247.

［40］ Clark R C, Mayer R E. Learning by viewing versus learning by doing: Evidence-based guidelines for principled learning environments ［J］. *Performance Improvement*, 2008, 47 （9）: 5−13.

［41］ Coon D W, De Vries H M, Gallagher-Thompson D. Cognitive behavioral therapy with suicidal older adults ［J］. *Behavioural and Cognitive Psychotherapy*, 2004, 32 （4）: 481−493.

［42］ Tschannen-Moran M, Barr M. Fostering student learning: The relationship of collective teacher efficacy and student achievement ［J］. *Leadership and Policy in Schools*, 2004, 3 （3）: 189−209.

［43］ Gherardi S. A journey beyond institutional knowledge: Dante's reading of the Odyssey ［M］//*Management Education and Humanities*. Edward Elgar Publishing, 2006: 174.

［44］ Zhao Y, Li Y, Lee S H, et al. Entrepreneurial orientation, organizational learning, and performance: Evidence from China ［J］. *Entrepreneurship Theory and Practice*, 2011, 35 （2）: 293−317.

［45］ Izquierdo E, Deschoolmeester D. What entrepreneurial competencies should be emphasized in entrepreneurship and innovation education at the undergraduate level? ［J］. *Handbook of Research in Entrepreneurship Education*, 2010 （3）: 194−207.

Research on the Influence of College Students' Entrepreneurial Learning on Entrepreneurial Ability —From the Perspective of Knowledge Acquisition

Zhang Ling, *Yun Chengtao*

Abstract: The high-quality development of China is in urgent need of the help from the new generation of entrepreneurs. As the main potential power of entrepreneurship, China's college students have the low rate of entrepreneurship and high start-up failure rate which forms bright contrast with foreign college students. Although aiming at the entrepreneurship for college students, China introduced a number of incentives in recent years, it did not effectively improve the dilemma. Based on this background, this article takes college students as research object, explore all aspects of entrepreneurial learning effects on entrepreneurial ability from the perspective of knowledge acquisition, and their interaction effects on entrepreneurial ability. The empirical analysis shows that both cognitive learning and experiential learning have a significant positive impact on entrepreneurial ability, but their interaction has no significant impact on entrepreneurial ability. Based on this, in order to enhance college students' entrepreneurial ability, we can start from three aspects: expanding college students' experiential learning channels, improving the quality and efficiency of college students' cognitive learning, and giving full play to their respective advantages.

Keywords: College Students; Entrepreneurship Learning; Entrepreneurial Ability; Knowledge Acquisition; Experiential Learning

"纵横交错守规律"

——大学生创新创业能力提升新方法

史秀玫　金乐恬

【摘　　要】 大学生创新创业能力培养体系的建设需要坚持正确的世界观和科学的方法论，要深入贯彻习近平新时代中国特色社会主义思想，深化创新创新创业教育理念，强化人才培养顶层设计。这就要求我们要充分认识到能力培育各主体间的相互关系及能才培养中存在的问题，如教育不足、意识不足和缺乏扶持，补全创新创业能力三维图。本文创新性地采用纵横交错的能力提升实践策略，横向上多元联合，高校稳固基础、开拓创新，企业增强扶持、勇于担责，政府规范市场、促进发展，家庭重视教育、有力催化；纵向上深度挖掘，强化研发氛围，开阔知识眼界，提升实践技术。

【关 键 词】 创新创业　大学生　人才培养

国家进入社会主义新时代，知识经济兴起，一个国家的核心竞争力越来越体现在人力资源和知识成果的转化上。2015 年 5 月，国务院出台了《关于深化高等学校创新创业教育改革的实施意见》，明确指出高校创新创业教育改革的目标为"人才培养质量显著提升，学生的创新精神、创业意识和创新创业能力明显增强"。因此，高校将创新创业教育融入人才培养的过程是大势所趋，是贯彻落实党中央"提高自主创新能力，建设创新型国家""以创业带动

【基金项目】吉林大学 2023 年学生就业工作课题"吉林大学商管类辅导员就业指导能力研究"（JYLL 202329）。

【作者简介】史秀玫，女，吉林辽源人，吉林大学商学与管理学院助理研究员，研究方向为创新创业教育。金乐恬，江苏苏州人，吉林大学商学与管理学院 2019 级信用管理专业本科生。

就业""加快转变经济增长方式"的重要举措。其中，大学生创新创业能力提升更是创新创业人才培养的关键所在。

本文首先分析了在大学生创新创业能力培养过程中存在的问题，发现学校层面教育不足、学生自身缺乏创新意识和主观能动性、社会层面扶持不足等问题。其次识别了创新创业能力的不同维度，参考现有文献，发现创新创业能力包括研发能力、知识能力和实践能力三个方面。最后根据存在的问题以及能力的不同维度，本文有针对性地提出学生创新创业能力提升的实践策略要纵横交错。横向建立起高校、企业、政府、家庭等单位的多元协同培育机制，纵向深化创新创业能力，从三个层面逐一进行查缺补漏并不断深入，努力提升高校大学生创新创业能力。

一　大学生创新创业能力培养中存在的问题

（一）教育不足

大学生创新创业能力培养过程中存在的问题主要聚焦于学校层面教育不足。目前，高校的创新创业教育大多以就业指导课、选修课等为主，教师多为其他专业教师兼任，且教学过程中教材过于侧重于理论，与实践的联系不够紧密，难以对学生起到较大的指导作用。具体而言，问题表现在以下四个方面。

1. 学科定位模糊

创新创业教育在大学教育中的学科地位是"边缘化"的。[1] 多数高校并未专门设立创新创业学院或相关研究中心进行统一教学，而是将之包含于经济或管理类学科之中，作为选修课或导论课进行较为表面的讲授。此外，高校多倾向于将创新创业教育作为"企业家速成教育"，认为它只针对少数有创新创业意向的大学生，没有触及人才培养的本质。由于创新创业类的相关课程在我国还处于起步阶段，课程随意性较强，因此创新创业教育的学科定位仍然较为模糊。

2. 与专业教育体系分离

目前，由于创新创业教育在多数学校局限于操作和技能层面，因此被迫剥离于专业学习，没有被列入学校的学科建设计划。然而，没有专业知识的创新创业教育无疑是"纸上谈兵"，有学者认为它应是一种多元化的教育方式，即以专业教育为载体，在专业教学过程中渗透创新创业的理念，并以操作和技能创新为重要的具象手段。[2]

3. 应试教育化明显

各高校在创新创业课程上采取的考核方式多数为笔试，且考题来源于教材，这就导致学生为了获得高分而将学习重心放在记忆知识而非思考上。此外，试卷的评价方式也略显单一，标准答案限制了学生的自由发挥。"修够学分""不要挂科""刷分满绩"仍然是最常从学生口中听到的，面对同期开设的相似的创新创业课程，学生会倾向于选择给分更高的老师而非课程。学生的创新创业潜力无法在成绩中得到真实体现，但不理想的成绩会浇灭学生的积极性和热情，形成一个不良循环。

4. 忽略个体差异性

无论是创新还是创业，核心都在于差异性。当前，多数创新创业课程的课堂容量都在 200 人以上，大课教学忽视了共性条件下的个体差异，统一的教学计划、"工厂化"的培养方式，无法适应经济社会发展对人才的需求。只有立足于学生的个体差异并充分利用这些差异，才能促使学生最大限度地发展。

（二）意识不足

能力培养过程中，主观能动性起着重要作用，而意识不足是创新创业过程中普遍存在的问题。目前，大部分学生选择创新创业的主要原因多为就业压力大、获得更多的财富以及提升社会地位等，对创新创业过程中存在的问题和解决办法没有系统的理论知识体系，缺乏独立自主的创新意识。另外，缺乏社会实践是大学生创业素质低的重要原因。[3] 大学生参加社会实践活动的主要形式是校内活动和校外活动。校内实践活动主要包括专业实习、专业实训等必修课程以及社团或学生组织的相关活动，在参与这些课程及活动时，学生大多带有完成任务的心态，难以真正全身心地投入。校外实践活动中，由于受到一定的限制，无法保证实践的连续性和有效性，难以积累与创新创业有关的实践经验。

（三）缺乏扶持

大学生创新创业能力培养过程中缺乏有效扶持也是客观存在的。资源与方式的缺失正严重制约着高校创新创业教育的发展，并限制了大学生创新创业能力的发挥。具体表现在资金不足、师资短缺等方面。

1. 资金不足

资金充足是大学生创新创业的必要条件，没有资金就无法推进项目，然而大学生创新创业的启动资金多是以自有资金为主，他们无法在创新创业方面得到足够的扶持。

2. 师资短缺

师资是创新创业教育的关键，创新创业教育的特点要求教师除了有较高的学术成就外，还要有丰富的社会阅历和创新创业经验。由于创新创业学科在总体上还不够成熟，师资结构也不够合理，且师资来源多为校内教师，缺少校外创新创业导师的参与。

二　创新创业能力的构成要素

《国务院办公厅关于深化高等学校创新创业教育改革的实施意见》明确指出："到 2020 年要建立课堂教学、自主学习、结合实践、指导帮扶、文化引领融为一体的高校创新创业教育体系，人才培养质量显著提升，学生的创新创业能力明显增强，投身创业实践的学生显著增加。"本文参考李旭辉和孙燕的研究[4]，将创新创业能力划分为研发能力、知识能力和实践能力。

（一）研发能力

研发能力主要是指学生的动手能力以及逻辑思维能力，是从外部影响因素角度考虑的，是决定大学生创新创业能力的主属性。创新创业研发能力主要可以从研发环境和研发成果两个方面体现，具体包括大学生研发能够依赖的软硬件的数量和质量以及研发的实际成效。

研发环境良好意味着高校的实验室和科研资源丰富，有创新创业意识的大学生能够在导师的帮助下进行经常性的科研训练，深化对科学前沿的认识，增强动手能力。研发成果主要是指高校实验室获得的专利或发表的高水平期刊论文。仅有能够进行实验的平台并不能完全体现学生的研发能力，实验室的研发效率更能从侧面体现出学生拥有的教师和团队资源。

（二）知识能力

创新创业知识能力的范围相对广泛，本质上是指学生获取知识的方式以及对知识的掌握程度。大学生获取知识的方式主要为课程讲授和专家讲座，因此所在高校开设的创新创业课程以及专职或兼职创新创业教师的数量能够度量学生的知识环境。大学生对知识的掌握分广度和深度：从广度来看，除了掌握必备的专业知识技能以外，还需要具备一定的法治思维和计算机素养；从深度来看，创新创业课程的成绩以及有关创新创业学科的竞赛获奖与项目立项是很好的度量指标。

（三）实践能力

创新创业实践能力是指高校大学生将创新创业思维运用到实践中，进行创业就业，组织创新实践活动的能力。与研发能力相似，创新创业实践能力主要取决于实践环境和实践成果两个维度。实践环境是帮助学生提高创新创业实践能力的重要基础，主要包括孵化基地、校企合作基地以及校内外合作实践基地等成果转化基地，实践成果是学生创新创业实践能力的重要表征，主要涉及成果转化效率等度量指标。

三　创新创业能力提升的实践策略

在构建大学生创新创业能力培育体系的过程中，要坚持两点论和重点论的统一，要重点认识和把握相关单位在大学生创新创业能力培育中的相互影响和制约作用，横向建立起高校、企业、政府、家庭等单位的多元协同培育机制。纵向来看，识别并分析影响大学生创新创业能力的不同维度，在尊重高校人才培养规律的前提下，逐一深化大学生创新创业能力的不同维度，坚持"纵横交错守规律"。

（一）横向：多元联合

高校、企业、政府、家庭都是大学生创新创业教育中的重要主体，梳理各主体能够提供的创新创业教育资源，可以明晰它们在能力培育体系中的位置和作用。

1. 高校：稳固基础，开拓创新

高校是能力培育体系中的基础，其余主体的作用大多是依附于高校而存在的。近年来，高校在创新创业教育中充分响应国家政策，但仍存在可以努力的空间。创新创业教育学科的边缘化造成了不同高校对它的重视程度及执行标准不同，因此，科学定位创新创业教育学科，促进它与专业教育体系的有机融合是首要的。只有在教育部门对创新创业教育做出明确规定后，高校对创新创业教育的执行才能有据可依。在统一框架下，高校之间在课程设置、师资建设和学生培养方面能够相互联动。创新创业教育是多学科交叉的综合学科，特别强调理论与实践的结合，不仅要将创新、创业的理念融入日常的教学工作之中，还要优化课程设置，多增加操作性强、有趣味性的小实验，充分调动学生的学习积极性，降低应试教育化程度。创新创业课程的考核方式、教材设置要根据热点进行微调，以促进学生发展作为宗旨和目标。此外，创新创业教师的重大缺口也会影响高校创新创业教育的效果。高校一方面要扩充现有教师资源，通过职称评定、经费支持进行吸引，建设一支既有理论知识又有实践经验，专兼职结合的教师队伍；另一方面要聘请校外富有创新创业成功经验的企业家作为职业生涯导师，为有志于创新创业的大学生提供一定的指导意见、人脉资源以及实践平台。

2. 企业：增强扶持，勇于担责

高校提供的创新创业实践机会主要是依托于实验室的，对于庞大的大学生群体而言，是无法做到完全覆盖的，因此要推进产学研合作，实现优势互补、互惠互利、共同发展。高校在创新创业教育过程中要以实践活动为载体，将创新创业教育与科技竞赛、实习见习相结合，充分发挥企业在大学生创新创业中的主体作用，为学生提供更多的实践平台。同时，积极推进科技园、孵化基地建设，在场地、设备等硬件设施上，尽可能多地为大学生创新创业提供帮助和扶持，使得创新创业教育真正落到实处。此外，企业的优秀员工可以担任高校创新创业教育的指导教师，帮助高校创设大学生创业基金；依托高校的各类资源优势，企业涉足校园，打造高校学生创业模拟实战中心，增强大学生的创新创业实际体验，激励大学生积极参加创新创业。通过校企合作的方式，高校立足于自身情况，选派专职创新创业教师进入企业学习，弥补实战经验不足，做到理论与实践相结合，不断创新教育方法和形式。

3. 政府：规范市场，促进发展

对于政府而言，要继续完善国家的创新创业政策，规范市场环境，制定竞争规则，严厉打击扰乱市场经济活动的行为，同时要做好宣教工作，定期举办政策解读讲座、创新创业培训讲座，让大学生能充分了解大众创业、万众创新的好处。政府要深入高校了解大学生创新创业的真实诉求，着力填补创新创业空白领域，鼓励大学生积极参与创新创业。政府可以加大对大学生创新创业的资金扶持力度，不局限于政府财政拨款，还应设立专项基金，或建议银行提供专项贷款，建立多元化融资渠道，帮助大学生有效缓解创新创业的资金压力。除了资金方面外，政府还要牵头加速信息融通，实现创新创业资源共享，利用多媒体形式，整合发布相关项目的最新信息，调动一切可以利用的社会资源，为高校创新创业教育提供宏观指导，促进创新创业教育的稳定健康发展。

4. 家庭：重视教育，有力催化

家庭也是大学生创新创业能力培育体系中的重要一环，它不仅是学校教育的补充，而且是一个有效的催化剂。家庭的教育氛围和态度对学生做出选择的影响是巨大的，而家庭教育的熏陶在创新创业教育中容易被忽视。[5] 家庭是社会的细胞，家庭的教育氛围会受到社会的影响，因此社会整体提高对大学生创新创业的支持程度会促使家庭提高对大学生创新创业的支持程度。当然，家庭其他成员也需要主动变更传统的思想观念，学会接纳创新创业思想，尽可能为孩子提供宽松的学习和生活环境，摒弃非黑即白的定式思维，始终让孩子能够保持对未知事物的新鲜感和好奇心。日新月异的信息时代，要求家长着重培养孩子的动手能力以及思维能力，从小做到自主化学习，养成主动学习、终身学习的习惯。只有这样，孩子在成长到一定阶段后才能独立客观地看待事物，将创新创业规划进人生的蓝图。

综上来看，高校响应国家政策，开展创新创业教育，并根据实情不断变更教学方式和方法，通过理论与实际相结合，培育大学生创新创业的能力。企业以及政府在其中发挥推动作用，提供资金、平台，加速团队融合，帮助大学生实现创新创业的梦想。家庭是高校教育的补充和催化，在大学生个体思维和性格养成方面是不可替代的。因此，只有高校、企业、政府和家庭四方通力合作，创新创业教育链条才算完整，大学生的创新创业能力才能够得到提升。

（二）纵向：深度挖掘

大学生创新创业能力主要分为研发能力、知识能力和实践能力。推动创新创业能力整体提升，需要助推这三个维度的创新创业能力在原基础上提升。

1. 强化研发氛围

大学生创新创业的研发能力主要与创新创业研发环境有关。国内高校现用于创新创业教育的设备较为陈旧，无法有效支持大学生创新创业研发活动的开展。因此，需要对设备进行全面升级，加大对创新创业基础设施的投资力度。此外，高校需要改变"唯分数论"，形成良好的科研氛围。鼓励和支持学生多进实验室，多参与相关的项目研发。可以建立带教机制，引导学生参与教师的科研项目，激发学生的研究兴趣，使之掌握研究问题的方法，养成研究问题的习惯，在参与中积累经验从而最终成为团队的中坚力量。

2. 开阔知识眼界

大学生创新创业教育离不开对知识能力的培养。由于大学生获取知识的途径仍然是以教师讲授为主，因此，提升创新创业知识能力首先要完善创新创业教育师资队伍建设，这里的完善不仅仅是指量上的扩充，更强调质量的提升。如上所述，具有丰富理论知识的创新创业教师走进企业，弥补实践的不足，并内化所学，及时更新授课内容和方式。校外导师也可以为学生提供多种形式的指导，如一对多的咨询、大学生创新创业训练（实践）计划项目的指导等。

知识是进步的阶梯，更是浩瀚的海洋，因此思维方式的培养显得格外重要。2013年，教育部发布了《计算思维教学改革宣言》，开启了以计算思维为核心的第三次重大教学改革。计算思维在大学生创新创业教育中的重要性由此可见一斑。唐培和等认为计算思维与计算文化无论是从本质还是从内涵来看，无论是针对创新精神、创业意识、创新思维教育还是针对创新方法教育，都与创新创业教育的核心需求与目标相契合。[6] 因此，在大学生创新创业能力培养中，融入计算思维和计算文化，全面更新、重构授课内容，深度改革与实践，强化创新意识和创新能力培养十分必要。除了计算思维外，法治思维的培养也是确保大学生创新创业成功的必要一环，特别是关于法律风险的防范问题。

3. 提升实践技术

大学生的创新创业能力从哪里来？一是教育，二是实践。[7] 在创新创业实践环境中，孵化基地是检验创新创业教育成效的重要途径，因此需要加强创新创业孵化基地的建设。建设创新创业孵化基地的过程中，不仅要注重硬件建设，服务管理也需要同步跟上，这就要求孵化基地中的服务人员也要具备一定的专业知识和经验，对学生进行有效引导。目前，高校创新创业孵化基地中的服务人员多数由从事行政管理工作的工作人员或社团学生担任，缺乏专业性。所以，除了增强教学的师资力量外，也不能忽略创新创业孵化基地的师资队伍建设。除了项目孵化外，还要注重创新创业的成果转化。高校要设置专门的机构推进创新创业成果转化，如构建创新创业成果转化工作办公室等。同时，积极搭建创新创业成果转化平台，校企联合，使得创新创业项目与企业资源迅速匹配，联合实施科技成果转化，开发出新的产品，从实践成果层面促进大学生创新创业能力提升。

结　语

在全面深化高校创新创业教育改革的背景下，大学生创新创业能力提升是重中之重。高校、企业、政府和家庭都是创新创业能力培育体系中的重要主体，对大学生创新创业能力培养起到了积极的促进作用，四方通力配合，横向构建起创新创业教育的完整链条。创新创业能力可以划分为研发能力、知识能力和实践能力，研发能力强调可供学生利用的外部资源，知识能力包括专业知识掌握程度以及逻辑思维方式，实践能力主要指的是成果投入实践的可能性，在纵向上深化这三维能力能显著提高大学生的创新创业能力。"纵横交错守规律"的能力提升策略，能够满足国家创新驱动发展战略的迫切需要。

参考文献

［1］刘伟．高校创新创业教育人才培养体系构建的思考［J］．教育科学，2011，27（5）：64-67.

［2］李家华，卢旭东．把创新创业教育融入高校人才培养体系［J］．中国高等教育，2010（12）：9-11.

［3］李成宏，张凯丽，郭政华．当代大学生创业意识缺乏的原因分析［J］．山西经济管理干部学院学报，2019，27（3）：11-14.

［4］李旭辉，孙燕．高校大学生创新创业能力关键影响因素识别及提升策略研究［J］．教育发展研究，2019，39（Z1）：109-117.

［5］张鹤．高校创新创业教育研究：机制、路径、模式［J］．国家教育行政学院学报，2014（10）：28-32.

［6］唐培和，秦福利，王宇，黄丽敏．加强计算思维教育 提升创新创业能力［J］．中国高等教育，2018（8）：47-48.

［7］高志宏．大学生创新创业法律风险防范能力提升及其教育路径研究［J］．江苏高教，2018（4）：95-97+103.

Crisscross and Law-respecting
—A New Method to Improve College Students' Innovation and Entrepreneurship Ability

Shi Xiumei　Jin Letian

Abstract：Constructing the cultivation system of college students' innovation and entrepreneurship ability needs to adhere to the correct world outlook and scientific methodology. We should carry out Xi Jinping Thought on Socialism with Chinese Characteristics for New Era, innovate the concept of innovation and entrepreneurship education and strengthen the top-level design of talent training. This requires us to fully understand the relationship among the subjects of ability cultivation and existing problems，such as insufficient education，insufficient awareness and lack of support，and complete the three-dimensional map of innovation and entrepreneurship ability. This paper innovatively adopts the crisscross practical strategy of ability improvement，and puts forward targeted suggestions and measures for the improvement of college students' innovation and entrepreneurship ability.

Keywords：Innovation and Entrepreneurship；College Student；Talent Training

对创新创业综合实训平台建设的探索

——以吉林大学学生车队实训平台为例

金兆辉 魏 乐 王 达 肖 峰 薛 斐

【摘　　要】本文首先针对目前高校开展创新创业教育的现状，分析了创新、创业及实践三者之间的内在关联，然后提出了吉林大学学生车队在发展过程中曾出现的创新成果转化难、创新创业机制不完善、教学模式固化等问题。为走出困境，吉林大学学生车队探索了创新创业综合实训平台建设，从校企合作助力培养学生、促进成果转化，大学生汽车运动创新创业与实践教育以及新工科学生典型创新创业实训项目三个方面，全方位开展创新创业教育。结果证明，吉林大学学生车队实训平台建设具有一定成效。

【关 键 词】创新创业教育　高等院校　教学改革　吉林大学

自 1989 年清华大学举办第一届"挑战杯"比赛开始，国内高校掀起了一场创新创业教育的高潮，至今方兴未艾。[1] 近年来，国家提出了"大众创业，万众创新"的概念，双创教育体系的改革开始深化推进。[2] 经过较长时间的发展，高校创新创业教育有所收获，但这个过程并不是一帆风顺的，双创教育

【基金项目】2021 年高等学校能源动力类教学研究与实践项目"以汽车运动为导向的能源与动力工程专业'五育'并举式创新实践教学改革与探索"（NSJZW2021Y-35）；2022 年吉林省高等教育教学改革研究课题"'五育'并举的学生赛车队创新实践教学改革与探索"（JLJY202252081768）；2022 年度吉林省高教科研课题"新四化背景下智能网联汽车新工科专业人才培养模式探索"（JGJX2022C10）。
【作者简介】金兆辉，男，吉林长春人，博士，吉林大学学生车队指导教师，研究方向为实验教学管理和教学研究。魏乐，男，吉林长春人，硕士，吉林大学汽车工程学院副教授，研究方向为大学生思想政治教育。王达，男，吉林长春人，博士，吉林大学汽车工程学院副教授，研究方向为赛车动力学。肖峰，男，吉林长春人，博士，吉林大学汽车工程学院副教授，研究方向为新能源汽车驱动传动技术。薛斐，男，河南郑州人，吉林大学商学与管理学院本科生。

在课程设置、教育观念、师资力量、理论指导和科学研究等方面都出现瓶颈。[3] 其中，一个亟待解决的问题是高校实践平台缺乏，而高校双创机构与企业合作不深甚至并无合作，高校已有的实践项目在"大众创业，万众创新"的时代大背景下，可谓杯水车薪。[4] 针对这一问题，各所高校各有探索，而创新创业综合实训平台的出现，给出了一个解决上述问题的可行途径。[5]

本文以吉林大学汽车工程学院的学生车队实训平台为例，通过对高校创新创业教育与实践割裂现状的分析，结合学生车队自身情况，展示了学生车队推进创新创业综合实训平台建设的一系列举措。文章从三个视角阐述了学生车队在开展创新创业教育过程中所暴露出的一些问题，并展示了学生车队是如何通过建设创新创业综合实训平台来走出困境的，以期为高校创新创业教育和创新创业实践的有机融合提供参考。

一　高校创新创业教育现状

实践平台的缺乏严重限制了高校双创教育的发展。[6] 在剖析创新创业教育的过程中，我们首先必须明确创新、创业及实践的内在根本联系，即三者相互协同、相互促进、三位一体。[7] 创业的根本所在是创新，创业过程中只有保有创新的意识和精神，才可能有源源不断的思路及方法，才能构建新的模式、开发新的产品、提供新的服务；创业也是创新行动的输出和验证，创业的价值在于将潜在的知识、技术和市场机会转化为真正的生产力，实现社会财富的增长，造福人类社会。[8]

实践的育人效果出色是不争的事实，它长期以来都被教育学家所看重，但实践在创新创业教育中所扮演的角色往往不是举足轻重的，在理论学习、创新创业素质与能力培养中并不能独当一面。[9] 也就是说，创新创业教育中通过实践完成独立育人往往较少被认可。[7] 但是各种研究发现：实践在培养人的动手能力、工程意识、团队精神，养成正确的价值观、自主学习能力、解决问题的能力、创新创业能力等方面又是最基本的。因此，实践的独特育人功能越来越受到高校和教育管理部门的重视，它不仅被认为是育人和营造育人环境的重要基础，在培养人的综合素质方面也比理论学习更直接有效。[10] 对于高校创新创业教育来说，实践不仅能创新人才培养模式，也能显著提高教学质量。所以，实践育人不可或缺，各类高校也争相建立实验教学示范中心、工程训练中心。[11]

高校建设实验教学示范中心、工程训练中心的初衷不外乎是培养创新意识及创新能力，通过工程实训课程的改革、实训内容的创新来实现这一目标。此外，还有些高校提出了结合现代科技，利用具有学科交叉特色的工程训练平台，在培养学生创新创业素养的同时来增强学生的学科融合意识。实验教学示范中心、工程训练中心俨然已经成为新工科建设背景下高校寻求创新创业教育破局的途径。

然而，在当前的教育模式下，创新创业教育和实践尚未融会贯通，呈现较为鲜明的边界。[12] 高校普遍开展的创新创业教育，大多采用以理论讲授和案例分析为主的方式，辅以企业参观和小组模拟，教学形式极度缺乏创新，创新创业的实践也只是纸上谈兵。而现在的一些学科竞赛、实验教学示范中心等确有实践育人功能，但并未延伸并落实到创新创业能力的培养。这些原因导致创新创业教育的育人成效不能充分发挥，学生的创新创业综合素质培养有所缺失。[13] 而且创新创业教育下涌现出的大部分科技创新成果只能尘封于档案，并没有起到促进我国工业发展、推进社会生产力发展的作用。[14]

二 学生车队开展创新创业教育的困境

（一）创新成果转化难

科技创新在某种程度上代表了国家经济的可持续增长，但只有创新成果快速、有效转化才能实现科技创新与经济发展同频震动、相互促进。高校的科学研究职能、社会服务职能中也有一项重要课题，即促进创新成果快速有效地转化。

事实上，在吉林大学学生车队过往十余年的探索中，已经涌现出一批具有市场推广潜力的创新成果。但它也有着高校创新成果转化存在的通用问题，即转化阶段投资大、风险大。对于这样一支每年都要投入大量资金进行赛车研发和制造，并参与国内外赛事的学生车队，吉林大学学生车队没有精力和时间，也无力承担创新成果转化投产的巨额资金。

这对于学生车队的创新研究无疑是一记重拳。成果不能转化，资金就无法回笼，后续创新成果就自然不能源源不断地涌现；此外，也会造成核心竞争力不足的问题，项目不能健康高效发展。[15]

（二）创新创业机制不完善

高校有效开展创新创业教育需要这样几个条件（如图 1 所示）：大学生需要内化驱动，深刻明确参加创新创业项目的意义和益处，并发自内心地积极参与，培养自己的双创素质；高校与教师必须大力支持由学生积极参与乃至主导的创新创业项目，做好创新创业教育的宣传，为学生营造创新创业氛围；创新创业课程必须贴合日常生活的实际，并由相关经验丰富的老师进行指导；除了高校外，企业也应为大学生创新创业教育的开展承担一份社会责任。[16] 只有同时满足了这些条件，高校开展创新创业教育才不是空喊口号，学生才能真正从中学到培养自己双创素养的方式，才能在大众创业、万众创新的时代背景下发出属于自己的那一声呐喊。

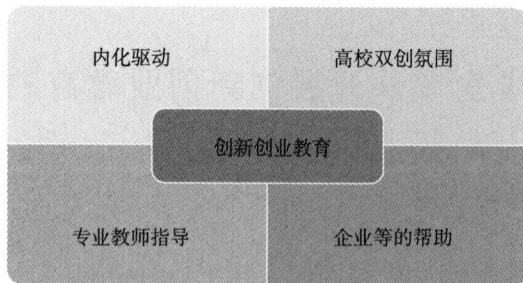

内化驱动　高校双创氛围

创新创业教育

专业教师指导　企业等的帮助

图 1　创新创业教育的条件

汽车工程学院在 21 世纪初创建学生车队的初衷是参加国内外各项高水平汽车赛事，提高学校和学院的汽车工业水平、发挥实践育人的作用。虽然学生车队通过多种举措积极投身创新创业的浪潮中去，但发展多年依旧不得其法，不能有效开展创新创业教育，培养新工科建设背景下具有创新创业素养的学生。具体说来，参与车队工作的同学热情非常高涨，但是车队的创新创业氛围不够浓厚，车队的大部分同学没有强烈参与车队双创项目的意愿。此外，学生车队创新创业课程建设不够完善，新形式的校企合作仍需探索。总的来看，制约学生车队开展创新创业教育的很大一部分原因在于教育机制。

（三）教学模式固化

我国很多高校都开设了创新创业教育课程，但一般都为零零散散的选修课，难以形成一个系统的创新创业教育体系，自然不能系统地培养创新创业相关人才，这也反映在创新创业学术研究成果少、创新科技转化率低的现状上。[17]

学生车队创新创业教育体系的建设自一开始就陷入困境，传统被动式的教育并不能激发学生学习相关知识的积极性，不成体系的选修课也并不能系统化地向学生传授双创知识，培养出新工科建设背景下具备创新创业素养的优秀学生。缺乏实践也使相关创新创业教育课程并不生动，更不能发挥实践在独立育人过程中的优秀本质，在这样的环境下，大学生创新创业综合素质的培养也就无从谈起。[18] 毫无疑问，创新创业教育的教学理念不够先进、教学模式固化始终是阻碍学生车队双创教育蓬勃发展的两大难关。

三 探索创新创业综合实训平台建设

吉林大学学生车队实训平台正是以吉林大学汽车工程学院在创新创业实践教育方面的优秀成果——吉林大学学生车队为依托，以汽车"新四化"技术和汽车运动技术为舞台，以支撑创新创业团队和支持参加创新创业类学科竞赛为抓手，对创新创业综合实训平台建设的优秀探索。汽车工程学院结合自身学科背景及参与相关竞赛的丰富经验，开展了创新创业综合实训平台的建设。目的是以大学生为中心，把培养学生创新创业综合素质放在首要位置，力图打破创新创业教育和实践的固有边界。

平台包括大学生汽车运动创新创业与实践教学中心、汽车运动技术创新课程群、新工科学生典型创新创业实训项目三个主要内容，分别从校企合作助力培养学生、促进成果转化，大学生汽车运动创新创业与实践教育、新工科学生典型创新创业实训项目三个维度，全方位开展创新创业教育，意图实现学生创新能力与创业能力的综合提升，培养具有创新意识、开拓精神和创业能力的创新型新工科人才。

（一）校企合作助力培养学生，促进成果转化

学生车队实训平台以完善汽车产业创新创业人才培养机制，修订人才培养方案，聚焦行业发展需求，构建新时代汽车人才培养路线，坚持产教融合，为企业培养具有国际视野的汽车跨界人才为目的，结合行业发展趋势，设计人工智能、智能驾驶、车端网联、电子电气、智能空间等方面的汽车运动技术创新课程群。平台拟依托红旗学院，针对本、硕、博不同阶段，合理安排原有课程与特色课程的教学进程，对本科阶段实行理论与实践一体化教学，对硕士阶段开展跨学科人才培养，对博士阶段建立校企联合培养机制。根据红旗学院教学进程制定考核方案，对部分可替代课程建立学分认证和认定制度。依托吉林大学人才多而专、学科全而精的特点，邀请各学院相关理论研究人员及中国一汽各领域专家作为红旗学院客座教授，形成一支理论与实践相结合、具有全球视野、学科交叉的高水平教育培养团队，有效支撑人才培养。吉林大学学生车队实训平台以"创新、互联、智能、共享"发展理念为指导，通过产、学、研联合，集成吉林大学各学院及中国一汽的创新资源和能力，建立支撑我国汽车产业技术创新、实现行业可持续发展的创新创业平台。

此外，平台作为主导，健全成果转化支持服务体系，促进科技成果转移转化，构建分领域成果转化链条，围绕一流学科建设，结合车辆产业现状，依托校企优质科研资源，按学科、分领域对接产业需求，探索基于创新科技成果转化与学生创新创业融通发展的新模式，培养学生的市场思维，使之积极融入经济社会发展主战场，形成覆盖全国的科技成果转化和产业化链条。

（二）大学生汽车运动创新创业与实践教育

大学生汽车运动创新创业与实践教学中心以吉林大学学生车队为基础建设，学生车队是吉林大学汽车工程学院长期以来的特色双创与实践教育项目，

十余年来育人成果丰硕，现已实现对国内汽车领域高水平学科竞赛的全覆盖。与兄弟院校相比，吉林大学学生车队的规模与参赛门类均处第一位。为实现学生车队实训平台的健康、有序、高质量发展，该中心拟在"吉速燃油方程式车队""吉速电动方程式车队""肯赛节能车队""肯赛巴哈车队"四支学生赛车队的基础上进一步深化推进创新创业教育。

深化创新创业教育，需要融合课程思政理念。中心努力加强青年学生的思想引领和教育，结合学科特色和工作实际，充分利用学生车队的平台优势，将爱党爱国教育有机融入车队的日常工作当中，使学生通过实训平台，更加坚定理想信念，让共产主义信仰的种子在心中生根发芽。学生车队在2020年成立了党支部，聘请了吉林大学马克思主义学院的教授作为党支部的理论学习指导教师。自建立以来学生车队党支部已经开展大大小小数十次活动，获得"吉林大学2020年度十佳党支部"的荣誉。党支部的工作，也将使学生真正理解不忘初心、牢记使命的精神内涵，增强学生的荣辱感和使命感，在青年时期树立远大理想，立志报国，振兴民族汽车工业。同属素质教育，创新创业教育和思想政治教育的目的都是培养合格的社会主义建设者和接班人。学生车队创新创业教育的政治方向和价值导向由学生车队党支部开展的思想政治教育来把握。[19]

深化创新创业教育，需要秉持开放协同的态度和各界进行交流。吉林大学学生车队在学校、学院及社会各界的支持下，在数年间走出国门，分别参加了德国大学生方程式汽车大赛、日本大学生方程式汽车大赛、壳牌汽车环保马拉松赛亚洲站等高水平竞赛，在取得优异成绩的同时也开阔了视野，进一步培养了学生的创新创业精神。学生车队也经常开展各种分享交流会，受邀参加TED×JLU演讲项目，举办学生车队开放日，参加"达人面对面"优秀学长经验分享会等。这些实践是大学生汽车运动双创实践的一部分，开阔了学生的国际视野，也提升了该中心开展创新创业教育的国际化水平。

该中心享有吉林大学汽车学科相关的丰厚投入，拥有技术资源、人力资源、设备资源、实验条件等方面的优势，参与了众多高水平高标准的比赛，并取得了国内顶尖的比赛成绩和育人成果。正是因为比赛，学生不仅能获得汽车工业相关能力的提升，还收获了团队运营、市场推广、成本控制和财务管理等方面的素质。

此外，该中心以汽车"新四化"和汽车运动搭台，以学科交叉融合和国际交流为突破口，构建"实践型人才—创新型人才—研究型人才"的三级人才培养体系，持续建设创新创业实践协同团队，实现创新创业素质教育的长期化、常态化。该中心继续充分吸收汽车、机械、通信、计算机、材料、管理等不同学院和学科的学生，同时也计划将指导团队拓展至多个学科和不同领域。

（三）新工科学生典型创新创业实训项目

学生车队实训平台依托汽车工程学院及大学生汽车运动创新创业与实践教学中心，成立了新工科学生典型创新创业实训项目组，选拔具有市场前景和创业潜力的学生创新成果，进行重点培育。实训的目标成果，并不局限于狭义的创业，而是拓展至广义的创新成果落地，鼓励和指导学生从成果转化、知识产权转移、产学合作与技术服务等多种途径实现个人及团队价值、助力新时代工科人才人文素养综合提升。

（1）专业创新项目探索。通过学生车队实训平台，与中国汽车工程学会、大陆集团、麦格纳、电装、春风动力、VI-Grade、Altair 等 20 余家行业影响力显著的行业协会或知名企业建立了合作关系，合作形式包括开展总成及零部件的合作开发及商业化，参与整车或零部件的产品规划、营销全流程，探索传统燃油车向电动化的发展。

（2）模拟创业活动。利用学生车队实训平台，模拟一家小型赛车制造公司或新型研发机构，组织学生构思商业策划、设计营销方案、制定财务预算，并参加相关竞赛。截至目前，学生车队已累计设计有 18 套模拟营销方案，在 2010 年和 2019 年的中国大学生方程式汽车大赛商业营销项目中获亚军、在 2019 年的德国大学生方程式大赛商业营销项目中获第 10 名（为中国高校在该项目上的历史最好成绩）。

（3）自媒体创业。以学生车队实训平台为载体，引导和鼓励学生开展自媒体运营与宣传交流，在专业教师和学生工作部门的管理和指导下，学生车队先后利用微博、微信公众平台、抖音短视频和哔哩哔哩网建立了自媒体账号，不定期发布技术科普文章、新闻报道、短视频等原创内容，并多次组织视频剪辑创作和赛车主题摄影等专题活动。截至目前，微博粉丝数已累计超过15000人，微信公众平台的关注人数超过12000人，累计发布原创内容超过5000条、创作视频或短视频作品300余个，有效锻炼了学生在互联网和新媒体背景下的沟通、交流和推广能力。

结　语

高校创新创业教育如火如荼，国家也频繁出台相关文件指导高校创新创业教育。吉林大学通过创新创业综合实训平台建设，改善了学生车队创新创业教育的现状，为培养新工科建设背景下的复合型人才奠定了坚实基础。在对创新创业教育进行整体改革后，吉林大学学生车队每年可发表高质量学术论文10余篇，申请国家专利5~6项，校级以上"大创项目"立项近10项，在大部分参赛项目中的成绩均处于国内第一梯队，并多次荣获全国总冠军、一等奖等荣誉，这些是吉林大学创新创业实践教育的重要成果。

参考文献

[1] 朱宇，马景惠，赵爽．新时代我国高校创新创业教育的形势思考与实践探索——以吉林大学为例［J］．实验技术与管理，2021，38（3）：23-28.

[2] 金伟林，吴画斌，王侦．协同创新视域下高校创新创业教育优化升级路径研究［J］．经营与管理，2021（4）：137-141.

[3] 王彭彭．高校创新创业教育的不足及发展方向［J］．环渤海经济瞭望，2020（5）：133.

[4] 王诗倩．高校大学生创新创业教育的困境及路径探索［J］．创新创业理论研究与实践，2021，4（14）：76-77+92.

[5] 兰建华．探索建设以实践平台为载体的高校大学生创新创业教育——基于北京高校大学生创业中心建设情况的调查研究［J］．中国大学生就业，2017（2）：34-38.

[6] 周君佐，周君辅．高校创新创业教育的价值意蕴、现实困境与突破路径探析［J］．科技创业月刊，2021，34（7）：134-137.

［7］ 陈大伟，徐纯．产教融合协同育人背景下大学生创新创业教育体系构建与实践［J］．科教文汇（上旬刊），2021（8）：19-21．

［8］ 童晓玲．研究型大学创新创业教育体系研究［D］．武汉理工大学博士学位论文，2012．

［9］ 胡桃，沈莉．国外创新创业教育模式对我国高校的启示［J］．中国大学教学，2013（2）：91-94+90．

［10］ 申纪云．高校实践育人的深度思考［J］．中国高等教育，2012（Z2）：11-14．

［11］ 孙康宁，傅水根，梁延德．浅论大学生创业能力的可训练性［J］．中国大学教学，2016（4）：27-30．

［12］ 金兆辉，王可，张科超，等．"双创"背景下大学生赛车实践平台构建与探究［J］．实验室研究与探索，2022，41（1）：278-281+289．

［13］ 孙康宁，李爱民，张景德，等．大学生实践、创新、创业一体化训练模式与能力叠加效应探究［J］．中国大学教学，2017（3）：74-79．

［14］ 刘金松，帅相志．高校科技创新成果转化存在的问题与解决对策［J］．当代教育科学，2015（3）：52-55．

［15］ 张冰．财政金融服务与民营企业科技创新成果转化研究［D］．重庆大学博士学位论文，2015．

［16］ 崔玉平．高校创新创业教育改革的经济意义和行动条件［J］．南京师大学报（社会科学版），2016（5）：85-93．

［17］ 闫佳祺，关晓丽．美国、英国和日本高校创新创业体系的多案例研究及启示［J］．当代教育科学，2015（21）：48-53．

［18］ 汪一舟．双创背景下的大学生创新创业教育思考——评《"大众创业、万众创新"背景下的大学生创新创业教育研究》［J］．教育发展研究，2021，41（12）：85．

［19］ 尹璐，郑博．不断深化高校创新创业教育［N］．吉林日报，2021-09-06（004）．

The Exploration of Constructing the Comprehensive Training Platform for Innovation and Entrepreneurship —Taking Jilin University's Student Racing Team Training Platform as an Example

Jin Zhaohui, Wei Le, Wang Da, Xiao Feng, Xue Fei

Abstract: Based on the current situation of innovation and entrepreneurship education in colleges and universities, this paper first analyzes the internal relationship among innovation, entrepreneurship and practice, and then puts forward some problems in the development of Jilin University's Student Racing Team, such as the difficulty in transforming innovation achievements, the imperfect innovation and entrepreneurship mechanism, and the solidification of teaching mode. In order to get out of the predicament, Jilin University's Student Racing Team explored the construction of comprehensive training platform for innovation and entrepreneurship, and carried out innovation and entrepreneurship education in all directions from three aspects: cultivating students through school-enterprise cooperation, promoting the transformation of achievements, innovative entrepreneurship and practical education for college students in automobile sports, and typical innovative and entrepreneurial training projects for new engineering students. The results show that the construction of the Training Platform for Jilin University's Student Racing Team has achieved certain results.

Keywords: Innovation and Entrepreneurship Education; Colleges and Universities; Educational Reform; Jilin University

交叉学科视角下"赛·教·研"
三位一体的创新创业教育实践

王　浩　李全明　魏海成

【摘　　要】"赛·教·研"三位一体是创新创业教育的有效途径。针对创新创业教育中存在的学生创新创业意识淡薄、创新创业实践操作不够丰富、创新创业教育机制不完善等问题，本文旨在围绕"赛·教·研"三位一体的教育理念，探索交叉学科视角下的创新创业教育体系。首先，指明了创新创业教育的目标体系与内容体系；其次，论述了创新创业教育的实施方案，涉及人才培养、操作训练、平台建设和运行机制；最后，展示了创新创业教育的辐射应用，包括社会影响、交流推广和典型案例。

【关 键 词】交叉学科　创新创业教育　教学改革

创新创业教育已成为国家发展方略。2018 年 9 月 18 日，国务院印发了《关于推动创新创业高质量发展打造"双创"升级版的意见》，指出要强化大学生创新创业教育培训，推动高校科研院所与创新创业深度融合。2019 年 2 月 23 日，中共中央、国务院印发了《中国教育现代化 2035》，指出战略任务之一就是要提升一流人才培养与创新能力，加强创新人才特别是拔尖创新人才的培养；探索构建产学研用深度融合的全链条、网络化、开放式协同创新联盟。2020 年 9 月 27 日，教育部针对《关于以"新基建"为契机扶持创业带动

【基金项目】吉林大学 2021 年度本科教学改革研究项目"交叉学科视角下创新创业竞赛'赛·教·研'深度融合的探索"。

【作者简介】王浩，女，吉林洮南人，经济学博士，吉林大学商学与管理学院副教授，硕士研究生导师，研究方向为创新与企业管理。李全明，男，吉林长春人，工学博士，吉林大学材料科学与工程学院副教授，硕士研究生导师，研究方向为高分子合成材料。魏海成，男，黑龙江绥化人，哲学博士，吉林大学校团委副研究员，研究方向为创业管理。

大学生就业的提案》做出了回复，指出要办好大学生创新创业训练计划、中国国际"互联网+"大学生创新创业大赛和"青年红色筑梦之旅"活动，着力培养学生的创新意识、实践能力和奋斗精神。2021年1月21日，教育部印发了《普通高等教育本科教育教学审核评估实施方案（2021~2025年）》，指出要将创新创业教育纳入本科教育教学审核评估指标体系，考查内容包括"本科生参加各类创新创业实践活动人数及比例""'互联网+'大学生创新创业大赛获奖数"。从以上文件可以看出，创新创业教育已成为高等教育的重要组成部分，创新创业竞赛已经成为衡量高校办学质量的重要指标，"赛·教·研"三位一体是创新创业教育的有效途径。

一 创新创业教育中存在的问题

（一）学生创新创业意识淡薄

从学科的角度来讲，创新行为多是由工科的学生完成的，而创业是将创新成果市场化的过程。从目前学生的创新创业意识来看，多数人文、经管类学生缺少创新意识，很多理工科的学生在老师和学校科研氛围的引导和熏陶下，会有一定的创新意识和创新成果，但是大多停留在实验室阶段，即便是已经把产品生产出来，也不去考虑产品的市场价值，也不知道怎么把产品推向市场从而实现它的经济价值，这已经成为高校学生普遍存在的问题。所以，增强学生的创新创业意识是创新创业教育成功的首要环节。

（二）创新创业实践操作不够丰富

就目前学生所处的阶段来看，创业实践很少，创新实践在学校阶段是有的，但是大体上有两种方式。一是参与老师的教学、科研项目；二是在学校的创新平台实践，校外的创新实践很少。这就使得创新实践操作面比较窄，而且很难真正了解到企业的实际需求，存在一定的局限性。创新创业活动是个复杂的系统工程，需要多学科协同配合才能高质量地完成。而目前学校各学科专业的创新创业教学都处在各自为战的状态，学生在创新创业课程模块里，都是选择自己熟悉的本学院本专业的授课教师的课，在自己学科专业的范围内徘徊，没办法真正拓宽学科视野，不同学科之间缺少主动的、有计划的横向交流，使得创新创业活动完成的质量不高。

（三） 创新创业教育机制不完善

有效的机制是创新创业教育得以顺利、高效实施的保障，而目前的创新创业教育机制，对于老师和学生都不足以形成强烈的激励效应。对于老师来说，激励机制应该对其职业生涯有一定作用，在评职晋级等方面能有所帮助，但是目前仅限于对教学系列教师有一定的政策倾斜，教学科研并重型的老师从事创新创业教育并不能为其职业生涯添彩。对于学生来说，2020 年以前有创新保研的政策，可是从 2021 年开始，创新保研政策取消了。虽然学生参与创新创业活动或竞赛可以加分，但是仅限于国家级奖项；但其实学科竞赛体系内的比赛，获得省级金奖就已经非常不容易。所以如果没能晋级到国赛，学生也就没有机会加分。此时，除了在能力方面会有一些提升之外，参与创新创业在学业生涯方面并不会对学生有所帮助。因此，需要学校在创新创业教育机制方面加以完善，以使更多的老师和学生积极投身到创新创业教育中来。

二 "赛·教·研" 三位一体创新创业教育的目标体系与内容体系

（一） 目标体系

创新创业教育的目标是提高学生培养质量。在这个过程中，教学的作用是为学生打牢基础，科研的作用是提高学生的实践能力、动手能力，而创新创业竞赛是强力推进高等教育改革进程的一种高层次的先进的教育活动，是把教学和科研成果在最短的时间里加以升华的手段，它以多元资源强化融合的模型大幅度提高了人才培养的效率和质量。实践证明，"赛·教·研" 三位一体的训练模式是培养创新创业人才的有效途径。"赛·教·研" 三位一体的创新创业教育目标体系如图 1 所示。

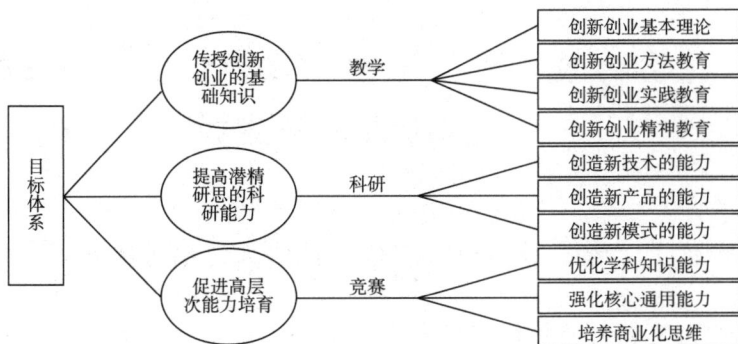

图 1　交叉学科视角下"赛·教·研"三位一体的创新创业教育目标体系

（二）内容体系

对于创新创业教育的内容体系来说，应包含培养学生创新创业素养的教学模块、提高学生创新创业实践能力的科研模块和提高学生创新创业能力的竞赛模块。其中，创新创业的素养是学生在日常学习过程中逐渐养成的，对于理工科学生来说，应该具备一些经济管理类、文史类的基本知识，而对于经管类、文史类学生来说，也应该了解理工科的相关知识，这些在教学设置上都应该有所体现。交叉学科视角下"赛·教·研"三位一体的创新创业教育内容体系如图 2 所示。

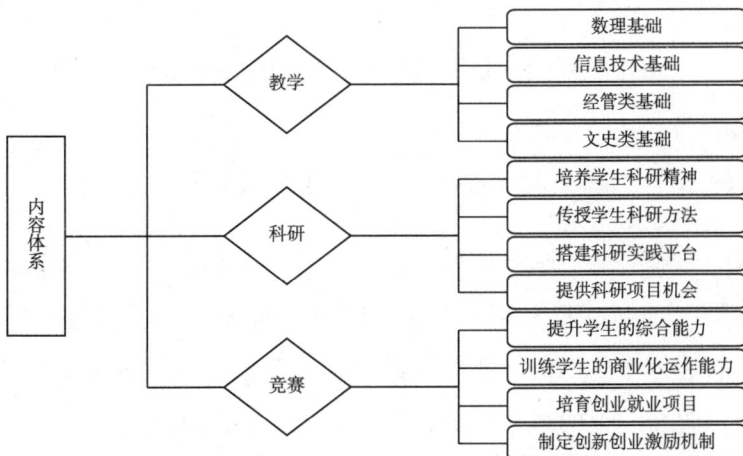

图 2　交叉学科视角下"赛·教·研"三位一体的创新创业教育内容体系

三　"赛·教·研"三位一体创新创业教育的实施方案及成效

（一）构建了"赛·教·研"三位一体的人才培养模式

创新创业教育的目的是培养具有爱国情怀、社会责任感和创新创业精神的创新创业人才，达到上述目标是个系统工程，需要教学、科研与竞赛三者深度融合。通过教学培养学生具备创新创业素养，通过科研帮助学生提高实践能力和动手能力并为创新创业竞赛提供参赛项目来源，同时教学与科研也是相互促进的，两者共同作用于创新创业竞赛，通过竞赛在短期内迅速提升学生的综合能力并最终输出社会需要的创新创业人才。"赛·教·研"三位一体的创新创业人才培养路径如图 3 所示。

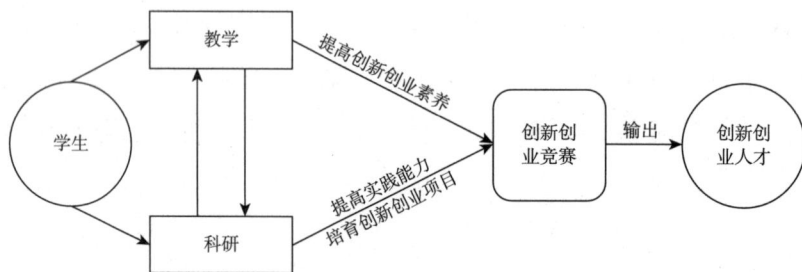

图 3　"赛·教·研"三位一体的创新创业人才培养路径

（二）创造了"赛·教·研"三位一体的操作训练模式

对于不同学科专业的学生，思维训练方法是不同的。对于经管类学生，主要是通过开设"创新工程实践""创业管理"等创新创业类课程，通过讨论法、头脑风暴法、曼陀罗法、逆向思维法、列举法等方法训练学生的创新创业与创意思维，改变学生的思维定式，同时让他们参与到其他学院的科研项目中去，使他们在与其他学科团队合作的过程中学习从工科、理科或医科的视角去思考；在教学选课环节，引导学生选择不同学科老师的公选课，训练学生的交叉学科思维。另外，引导学生去聆听不同专业的学术报告或进行学术交流，在交流的过程中进行思想碰撞也是进行思维训练的有效方法。"换位思考"不仅是一种处世哲学，也是一种思维训练方法。

（三）搭建了"赛·教·研"三位一体的系列平台

1. 教学平台

为提高学生的创新创业素养，顺应互联网时代的要求，搭建了包含通识课程、创新创业课程、自然科学课程及人文科学课程的教学平台（如图4所示）。

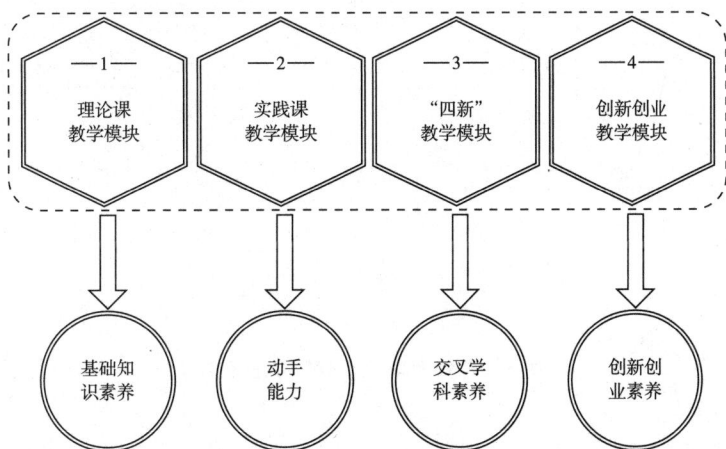

图 4 教学平台

为完成教学平台建设，吉林大学开展了创新创业课程建设，到目前为止，学校共开设了创新创业类公选课33门，批准立项了26门创新创业课程建设项目。

2. 科研平台

为学生搭建科研平台有利于提高学生的动手能力，提高学生创新创业实践能力，也可以解决参赛项目培育的问题，是创新创业竞赛取得好成绩的重要保证，也是衡量创新创业教育质量的重要标准。对于创新创业竞赛的参与主体来说，目前本科生参与的比例要高于硕士研究生和博士研究生，而对于本科生来说，平时很难接触到高质量的科研课题并参与其中，为此学校搭建了汇集各学科科研力量的实践平台。目前，由学校创新创业学院发起，其他学院配合，共搭建了 17 个"双创"实训平台（如图 5 所示）。

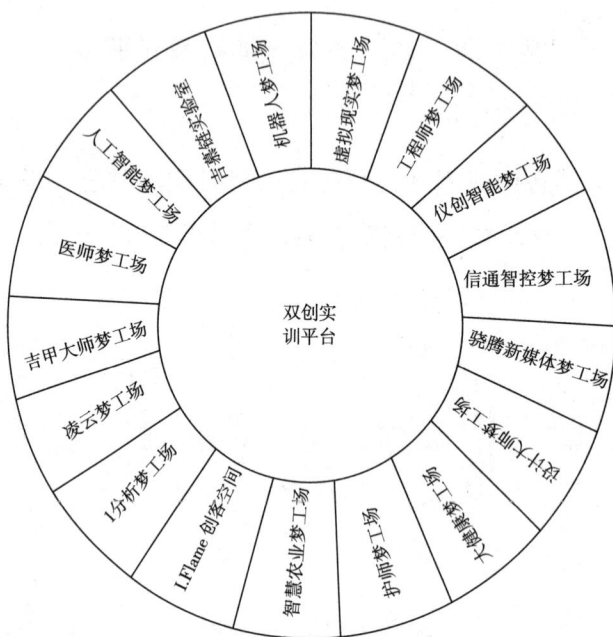

图 5　吉林大学"双创"实训平台

3. 竞赛平台

参赛团队的组建和比赛的过程指导也是难题。一般来说，高质量的参赛项目都来自理工科，而创新创业竞赛需要商业化运作，商业化运作不是理工科学生擅长的，却是经济管理类学生擅长的，所以创新创业竞赛本身就具有交叉学科性质。而实际情况是，对于不同学院不同专业的教师和学生来说，平时业务往来并不多，彼此间信息严重不对称，理工科学生找不到合适的经管类指导教师和可以完成商业化运作的学生，而经管类创新创业指导教师又苦于找不到合适的项目来指导。基于此，学校教务处教学实践科搭建了一个中介平台（如图 6 所示），帮助完成参赛团队的组建。

通过以上平台建设及训练，学校在创新创业竞赛，包括在中国国际"互联网+"大学生创新创业大赛、"挑战杯"中国大学生创业计划竞赛、全国

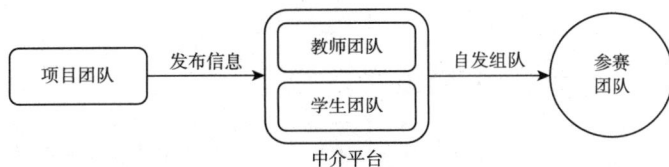

图 6　创新创业竞赛组建团队的中介平台

大学生电子商务"创新、创意及创业"挑战赛及全国大学生生命科学竞赛中取得了优异的成绩，这很好地体现了交叉学科协同作用的效果。表 1 列出了吉林大学近两年得益于交叉学科协同作用的部分创新创业参赛项目。

表 1　交叉学科协同作用的创新创业参赛项目

合作单位	项目名称	获奖等级
汽车工程学院和商学与管理学院	互联网+汽车后市场——车内行实业股份有限公司	首届中国国际"互联网+"大学生创新创业大赛国家级金奖
	"金兴链动"：新一代汽车无级变速器智能设计者	第十届"挑战杯"中国大学生创业计划竞赛国家级金奖
	吉智-智慧新能源专用车运动控制大脑	第十二届"挑战杯"中国大学生创业计划竞赛国家级银奖
机械与航空航天工程学院和商学与管理学院	"天海"互联网+医养系统	2018 年吉林省"创青春"大学生创业大赛创业实践赛金奖
		第三届吉林省"互联网+"大学生创新创业大赛银奖
		第四届吉林省"互联网+"大学生创新创业大赛铜奖
	汇 E 智铲：装载机自主作业系统领航者	第七届吉林省"互联网+"大学生创新创业大赛铜奖
通信工程学院和商学与管理学院	360°"瓶中瑕影"视觉检测系统	第十二届"挑战杯"中国大学生创业计划竞赛国家级金奖
		第六届吉林省"互联网+"大学生创新创业大赛金奖
	坦途卫士——中国沥青质量检测行业标准引领者	"建行杯"第七届吉林省"互联网+"大学生创新创业大赛铜奖
	大视场相位显微镜——光学元件高精度质检成像领跑者	"建行杯"第七届吉林省"互联网+"大学生创新创业大赛国家级银奖

续表

合作单位	项目名称	获奖等级
经济学院和商学与管理学院	Release——绿色心情减压乐园	第十二届"挑战杯"中国大学生创业计划竞赛国家级铜奖
生命科学学院和商学与管理学院	固本浚源：青仁黑肽健康管理功能性食品	全国大学生生命科学竞赛（创新创业类）国家级三等奖
		卫生厅首届吉林省"互联网+公共卫生"大学生创新创业大赛一等奖
		第七届中国国际"互联网+"大学生创新创业大赛吉林大学金奖
物理学院和商学与管理学院	Panda 智能养老服务生态	"建行杯"第七届吉林省"互联网+"大学生创新创业大赛金奖
食品科学与工程学院和商学与管理学院	基于 Etsy 平台的中国元素专营店	第七届全国大学生电子商务"创新、创意及创业"挑战赛吉林省二等奖
	吉林大学天意红酸菜	"建行杯"第七届吉林省"互联网+"大学生创新创业大赛铜奖
		第十届全国大学生电子商务"创新、创意及创业"挑战赛吉林省二等奖
生物与农业工程学院和商学与管理学院	仿生结构柔性密封系统：金属增材制造质量提升领航者	第七届中国国际"互联网+"大学生创新创业大赛国家级银奖

（四）开创了"赛·教·研"三位一体的运行机制

1. 管理机制

创新创业教育是个系统工程，不是学校某个部门独立承担就能完成的，应该由多部门协同配合、共同完成。就教学模块来讲，是教务处牵头，各学院配合。就科研模块来讲，是各学院承担起主要责任。就竞赛模块来讲，因学科竞赛体系里包含的竞赛类型不同，所以负责单位也有所差别。比如，英语、数学类竞赛，由教务部门牵头，各学院执行；很多专业类的创新创业类竞赛，如全国大学生生命科学竞赛（创新创业类）、全国大学生电子商务"创新、创意及创业"挑战赛等是由各相关学院直接负责，影响力大的创新创业类竞赛，如中国国际"互联网+"大学生创新创业大赛和"挑战杯"中国大学生创业计划竞赛，则是由校团委牵头，各学院密切配合。通过完善管理机制，使得各种竞赛和创新创业教育有条不紊地进行，保证了竞赛参与和学生培养的质量。

2. 评价机制

教学模块的运行效果要从学生身上得到反馈，看学生获得多少创新创业知识和技能；将教学所学内容映射、应用到科研模块，得到的反馈是看学生的动手能力，学生能发表多少高质量的学术论文，参加多少科研项目，主持、参加多少"大创"项目，有过多少实习经历等；教学和科研效果最终通过竞赛环节来检验，也就是看学生在竞赛中获奖的数量和质量，尤其是看获得国家级金奖的数量。评价机制可以用图 7 表示。

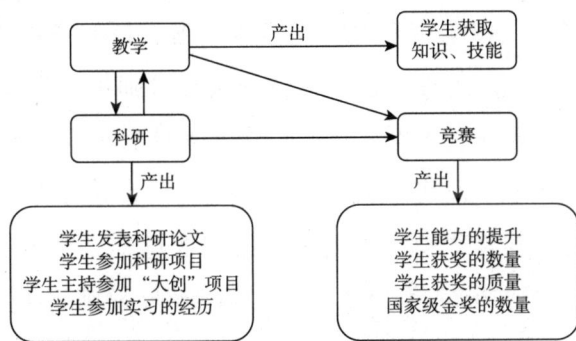

图 7　"赛·教·研"三位一体的创新创业教育评价机制

3. 激励机制

有效的激励机制是创新创业教育良好运行的保证，良好的激励机制应该是对从事创新创业教育的教师和学生都能形成极强激励的机制。对于学生来说，能形成极强激励的激励机制应该是有助于他们评奖保研的，这种激励要胜过竞赛奖金这样的物质奖励；对于从事创新创业教育的教师来说，对职称评定的帮助比获奖的物质奖励要好得多，因此学校的激励机制从有助于学生保研、教师评职晋级的角度进行了设计。

首先，对学生的激励机制。根据《吉林大学本科学生创新实践成果奖励办法》（校教字〔2019〕59 号），团队奖励标准为：（1）大学生创新创业训练计划优秀结题项目 0.2 万元；（2）竞赛类项目，国家级 A 类竞赛特等奖 3 万元、一等奖 2 万元、二等奖 1 万元、三等奖 0.5 万元，国家级 B 类竞赛特等奖 2 万元、一等奖 1 万元、二等奖 0.5 万元，国家级 C 类特等奖 1 万元、一等奖 0.5 万元、二等奖 0.3 万元。个人奖的奖励额度为团体奖奖金的 50%。另外，根据教育部高校学生司及吉林大学的文件规定，在创新创业领域有突出成绩的优秀学生可以申请创新保研，其中创新创业竞赛成绩是一项重要的衡量指标，这一点对学生参加创新创业竞赛有很大的激励作用。受惠于创新创业竞赛，学校自 2014 年开始实施创新推免研究生政策起，截至 2021 年已有 750 名学生通过创新推免形式获得研究生入学资格。

其次，对教师的激励机制。对指导教师的物质奖励与对学生的对应一致。另外，在职称评定方面，因为指导创新创业竞赛成绩优异而获得职称晋升，称为"特别渠道"晋升，根据吉林大学"特别渠道教授职务申报条件"，申报创新实践类特别渠道晋升的条件是：作为责任指导教师指导学生个人或团队，在国内或国际创新创业竞赛（A 类、B 类）中，累计获得一等奖项目 2 项；作为责任指导教师指导学生个人或团队，在国内或国际高水平学科竞赛（A 类、B 类）中，累计获得一等奖 2 项。受惠于创新创业竞赛，学校自 2015 年起实行特别渠道职称晋升，到 2021 年为止，已经有 26 位教师晋升为教授、53 名教师晋升为副教授。

四 "赛·教·研"三位一体创新创业教育的辐射应用

（一）社会影响

依托交叉学科的资源优势，吉林大学的创新创业参赛项目取得了优异成绩，也产生了积极的社会影响：形成了创新创业系列公开出版教材，不仅应用于本校学生的创新创业教育，也推广到其他高校，使更多的人有机会接受创新创业教育；学生参赛后各方面能力都切切实实得到了提升，且创新创业竞赛经历和获奖成果在学生找工作或实习过程中都得到了体现，使他们获得了比其他学生更多的选择。另外，吉林大学作为首届中国国际"互联网+"大学生创新创业大赛的举办单位，得到了党中央和社会各界的高度关注，新华社、中央政府门户网站——中国政府网、人民日报等多家主流新闻媒体都宣传、报道了吉林大学的创新创业竞赛及创新创业教育成果，使吉林大学成为中国高校创新创业竞赛和创新创业教育的领头军和标杆学校，扩大了学校的影响力，有助于学校的招生等很多工作的展开，形成了良性循环。

（二）交流推广

吉林大学的"双创"实训平台建设具有开创意义，建设思路和具体设计方案都体现了创新思维，吸引国内很多知名大学前来学习，北京大学专门派人来学习吉林大学搭建"双创"实训平台的先进经验。吉林财经大学创新创业教育学院也到吉林大学参观调研，学习后者在"双创"教育方面的先进经验，吉林大学与吉林财经大学在创新创业教育、实验实训体系建设、资源共享等方面达成了合作意向。

吉林大学相关团队不仅在国内创新创业赛事中成绩喜人，还走出国门去国外参加创新创业竞赛。2019年，吉林大学管理学院率团队赴韩国首尔参加了"中韩大学生创业创意马拉松大赛"，取得了优异成绩。此次出征，不仅展示了吉大学子的创业素质和能力，扩大了吉林大学的影响力，还展示了吉林大学创新创业教育的成效和创新创业竞赛的实力。

（三）典型案例

创新创业竞赛是个很务实、很接地气的竞赛，比赛结束后，很多创新创业参赛项目都会落地生根开花，"楼里楼外"就是个典型案例。

"楼里楼外"是首届中国国际"互联网+"大学生创新创业大赛的参赛作品"'互联网+'物业服务"的后期延续，当年获得了中国国际"互联网+"大学生创新创业大赛吉林省金奖和国家级银奖，到现在已经七年了，依然运行得非常好，已启动 B 轮融资。目前，已经发展成为一个围绕业主生活场景提供综合服务的"线上+线下"平台，以社区便利店为载体，以物业管理 SaaS、零售 SaaS、业主服务平台为核心，帮助业主选择并争取优质、低价、可监管的全类别商品及服务，已形成稳定的商业结构，覆盖 4 省 6 市、"200+"楼盘，有社区便利店样本店 6 家，单店日最高营业额 2.2 万元；2019 年底完成了 20 个门店的建设，未来三年预计覆盖 10 个城市、铺设 320 家门店、服务中高端人群 350 万人、年营业额 10 亿元。

还有很多参赛项目，如"果语堂"，目前业务范围已经覆盖长春、沈阳、白城两省三地，拥有 50 多家线下精品体验店，线上销售占比超过 45%，远超区域同行。还有"天海医养"项目，开发的"医养结合"软件等系列产品已被长春市多家养老院采用。更有"农服通"农业大数据项目，参赛完之后就被扬州市政府收购控股了。这些项目有力地证明了创新创业竞赛的实际应用价值，也很好地诠释了吉林大学创新创业教育的成效。

五　创新点

（一）提出了交叉学科的实践背景

创新创业活动是个复杂的系统工程，需要多学科协同配合才能高效完成。吉林大学创造性地进行了交叉学科的教学、科研和竞赛实践，改变了以往各学科专业的创新创业教学各自为战的状态；也改变了不同学科之间缺少主动的、有计划的横向交流的状况，使得创新创业活动形成学科融合的发展态势；对于创新创业竞赛来说同样如此，把经管类学科与理工农医类学科联合起来共同完成高质量的竞赛。实践证明，交叉学科视角下开展"赛·教·研"三位一体创新创业教育效果显著。

（二）提出了"赛·教·研"三位一体的创新创业教育体系

创新创业教育的各个环节不是孤立的，应该是协同配合的。以创新创业竞赛为例，虽然按照中国国际"互联网+"大学生创新创业大赛组委会的精神，参赛项目来源里面包括教学和科研项目，但是在实际操作过程中，将"赛·教·研"三者结合起来按照一定的承接关系贯穿于学生培养全过程的做法，属于首创。"赛·教·研"三位一体的创新创业教育体系有利于培养学生的创新创业素养；有助于提高学生的实践能力和动手能力，使学生在训练过程中培养出敏锐的科研嗅觉，并在参与项目的过程中形成创新创业竞赛的思路和作品，解决了创新创业参赛项目的培育问题。创新创业教育就应该是"赛·教·研"三位一体协同作用的体系。

（三）构建了新的教育模式和运行机制

将创新创业教育贯穿于大学生培养环节的全过程，并且与交叉学科相关学院的教学办和班导师协同配合，在选课环节对学生进行引导，使学生选修交叉学科的课程，培养学生交叉学科的知识素养和能力结构，引导和推荐学生进入学校的"梦工场"科研实训平台以及交叉学科的实验室参与科研项目，在提高学生科研能力及动手能力的同时也培育了创新创业参赛项目。这种教育模式和运行机制也是首创的，是在实践中不断摸索、总结出来的做法，事实证明也是非常有效的。希望这种教育模式和运行机制能进一步得到推广，以使更多的学生受益！

Innovation and Entrepreneurship Education Practice of "Competition，Teaching and Research" Trinity from the Perspective of Interdisciplinary

Wang Hao，Li Quanming，Wei Haicheng

Abstract：The trinity of "competition, teaching and research" is an effective way of innovation and entrepreneurship education. Aiming at the problems existing in innovation and entrepreneurship education, such as students'weak awareness of innovation and entrepreneurship, insufficient practice of innovation and entrepreneurship, and imperfect innovation and entrepreneurship education mechanism, this paper tires to explore the innovation and entrepreneurship education system from the interdisciplinary perspective around the educational concept of "competition, teaching and research" trinity. Firstly, it points out the target system and content system of innovation and entrepreneurship education; Secondly, it discusses the implementation scheme of innovation and entrepreneurship education, involving talent training, operation training, platform construction and operation mechanism; Finally, it shows the spread and application of entrepreneurship education, including social impact, exchange and promotion and typical cases.

Keywords：Interdisciplinary; Innovation and Entrepreneurship Education; Education Reform

公司数字创业能力：概念框架、影响因素与必要条件

徐广平　张　敏　崔学良

【摘　　要】公司数字创业能力是以利用数字技术为基础，创造和攫取新的数字创业机会，以获取、维持或强化竞争优势的能力。对公司数字创业能力的开发是迎接数字化变革的重要内容，对于加快数字经济发展、贯彻数字中国建设方针、提升科技创新效率和产业核心竞争力具有重要战略意义。本文基于数字技术属性系统地提出了公司数字创业能力的概念框架，分析公司数字创业能力形成的影响因素和必要条件，并提出了公司数字创业能力的提升策略，如丰富创业教育体系、打造实践平台、创建教育组织体系。

【关 键 词】数字创业　数字技术　数字注意力　信息强度

一　引言

随着云计算、大数据、区块链和人工智能等数字技术及相关设施、服务、产业的高速融合与发展，"数据"正作为一种新型生产要素重塑企业的价值创造逻辑，不断引领新兴产业的发展。面向"工业4.0"，我国率先提

【基金项目】教育部人文社科研究青年基金项目"创业生态系统视角下数字创业机会共创机理研究"（20YJC630209）；吉林省教育厅科学研究项目"数字化技术驱动的吉林省制造企业内部创业机制及选择对策研究"（JJKH20220783SK）。

【作者简介】徐广平，男，吉林长春人，管理学博士，长春理工大学经济管理学院讲师，研究方向为创业管理。张敏，女，吉林长春人，长春理工大学经济管理学院副教授，研究方向为创业管理。崔学良，男，上海人，吉林大学商学与管理学院博士研究生，研究方向为创业管理。

出了建设"数字中国"的战略发展理念。现如今，在以阿里、腾讯、百度、京东等为代表的数字原生企业的生态赋能下，传统企业的数字化转型进程获得了全新定义。《2021 年中国数字企业白皮书》显示，大部分企业已由过去的抢占数字概念先机，转变为实施与升级数字化转型战略。以海尔、小米、尚品宅配为代表的数字化转型企业在深耕用户需求的基础上，将数字技术与组织内部要素相结合，并在数字化转型条件下搜寻数字创业机会，整合数字创业资源，推动企业数字产品（服务）创新与战略更新。这一公司数字创业活动既是数字化转型驱动新价值创造的过程，又是进一步提高企业数字化程度的结果。

数字创业能力作为企业数字化转型与战略更新的有效手段，得到了学界和业界的高度重视。麦肯锡的一项全球调研发现，在 800 家企业中，有 70% 以上的企业启动了数字化转型，但是其中的 71% 仍然停留在试点阶段，都在做从 0 到 1 的探索。其中，最关键的困难在于没有形成数字创业能力。有研究认为数字创业能力是领导数字创业的一种综合能力，在数字技术的强势介入下，构成创业过程的组成要素。[1] 然而，相较于传统组织能力，有关公司数字创业能力的研究却落后于数字创业实践。为此，本文直面公司数字创业能力概念体系不足的研究现状，基于数字动态能力理论，通过提出公司数字创业能力这一新构念来帮助数字企业，尤其是数字化转型企业有效开展数字创业，打造数字核心竞争力。另外，本文对影响公司数字创业能力形成的前置因素进行分析，探究这些因素在公司数字创业能力构建中充当的角色，并采用 NCA（必要条件分析）方法对公司数字创业能力的形成条件提出假设，为国内数字化理论研究提供新的方法与分析工具。

二　公司数字创业能力的概念框架

（一）公司数字创业能力的理论基础

在工业 1.0 和 2.0 时代，企业以规模化的计划与控制能力作为核心竞争力。在工业 3.0 时代，企业以关键技术与动态能力为核心竞争力，并一直延续至今。进入工业 4.0 的数字时代，创新驱动的数字创业能力成为企业实现数字化赋能与转型升级、塑造全新竞争力的重要来源。

创业能力一直是学者探究创业企业成长逻辑的关键问题。随着大企业创业活动日益频繁，公司层面的创业能力受到重视。以往关于公司创业的研究主要从自下而上的个体和自上而下的高层来定义公司创业能力。基于个体层面的公司创业能力研究主要聚焦于员工的内部创业行为，即由内部员工自发组建的项目团队开发新业务。[2] 而基于组织层面的公司创业能力研究则把创业能力的研究焦点放在如何进行模式更新、组织更新、流程更新等战略更新行为上。[3] 在数字化转型背景下，公司数字创业活动基于数字化转型战略而发起，由领导者的数字认知开始，通过构建数字意义从上至下开展，这一活动是在位企业为了适应快速变化的内外环境，利用数字技术创造和攫取新的创业机会，以获取、维持或强化竞争优势的组织创新和价值创造过程。相应地，公司数字创业能力表现为组织对数字机会与资源的一体化开发能力，以适应动态环境。这一行为能力基于动态能力理论，强调以下两个条件：其一，利用数字技术对外部环境与机会/威胁进行识别与管理；其二，主张整合、重构、获取、释放和创新企业内外部数字资源的关键作用。还有学者将企业从事数字化业务的能力称为数字动态能力。[4]

（二）公司数字创业能力的概念体系

目前，有关公司数字创业能力的研究主要聚焦于利用数字技术驱动数字化转型的过程机制，而直接使用公司数字创业能力来反映组织核心能力，即"数字新价值创造"的文献还不多见。国内外学者围绕有关组织层面的创业能力做了大量探索，如庄彩云等以平台型企业为研究对象，将数字创业能力定义为在网络情景下利用 IT 基础设施实施互联网连接的能力。[5] 该定义关注到企业在新业务开发时利用网络的多渠道能力，但忽略了企业对新业务开发的评估与分析能力。Khin 和 Ho 将数字能力定义为新创企业在数字环境下的一种特定动态能力，拥有数字能力的企业才更愿意采用数字技术手段，并能够致力于将数字技术转化为数字新产品。该研究将数字能力定义为企业在开发数字新产品过程中应用数字技术和管理专业知识的能力。[6] 综合国内外学者的最新研究可知，构成公司数字创业能力的组织能力属性包括感知性、反应性、网络性、可视性、治理性[7]。基于以上属性，本文将公司创业能力定义为数字企业（数字原生企业、数字化转型企业）利用数字技术赋能组织能力进而支持数字新业务开发的能力，并构建了公司数字创业能力的概念体系（如表 1 所示）。

表 1　公司数字创业能力的技术基础与体系构建

数字技术	功能	组织意义	公司数字创业能力
云计算、大数据、人工智能、PDM	预测、决策	识别数字机会、资源	分析性
社交媒体、物联网、ICT	执行、检查	开发数字机会、资源	反应性
大数据、物联网、区块链	情报收集、获取、学习	识别数字机会、获取数字资源	网络性
BI 仪表盘、5G、CRM、VR、AR	感知、洞察、控制	开发数字机会、资源	可视性
大数据、人工智能、SaaS	编排、拼凑、统筹	开发数字机会、资源	治理性

（1）分析性：数字企业利用大数据、云计算等数字技术对收集到的用户、产品、运营等数据进行挖掘与评估，构建分析模型并将数据转换为企业决策依据的能力。分析性强调通过设计规则、开发算法、重组业务逻辑的方式，在数字资源中提取有效信息，过滤干扰信息，洞察用户行为趋势进而挖掘潜在的商业价值，形成决策与执行方案，以应对外部变化的环境，发挥企业数字化转型战略执行中的"数字大脑"作用。

（2）反应性：代表组织结构的数字化管理程度，是指能够快速组建团队进行数字方案的执行。组织利用数字社交网络和办公 OA，采用 internet/intranet 技术，通过云软件使企业内部人员即时性地共享信息、高效地协同工作，实现迅速、全方位的信息采集与沟通，快捷地组建跨部门项目小组，为企业的行动提供支持。

（3）网络性：通过 IT 基础设施与互联网平台连接内网系统以获取知识与信息资源的能力。使组织能够搜索、探索、获取、吸收和应用有关数字资源、机会以及将可利用的知识、资源配置为可利用的机会。

（4）可视性：利用数字技术减弱信息的复杂性和不确定性，以适当的格式提供数据和信息的能力。可视性使决策者能够实时掌握组织运行状态、产品信息与用户反馈，可以从根本上重新调整产品的设计与生产流程。

（5）治理性：对指数级增长的数据资源进行管理的能力。数字化彻底重组了工业时代产品的设计与生产逻辑，相较过去强调组织用"人"的管理职能，数字化能力中的治理性强调组织用"数据"去解决企业的运营问题。数字企业对数字资源的有效管理是公司数字创业能力的重要内容。

三　影响公司数字创业能力形成的关键因素

（一）数字技术

作为全新的生产要素，数字技术以大数据、云计算、AI 等为基础，能够实时处置非对称性数据，为组织进行业务信息的编码，准确识别技术运行水平与发展路径，进行更加精准可靠的市场预测，为创业机会的识别与利用提供方向支持，以此帮助企业更好地制定和选择业务升级决策。数字技术开放式的自我迭代特性，使得组织能够不断外接功能组件从而添加扩展服务，减少内部资源的非必要占用，推进创意与创新投入。数字技术支持的平台以及生态系统使组织更高效地整合内外资源，促进内部、外部跨组织的跨边界合作，更好地汇聚不同领域的知识、信息，为不同主体参与新价值的创造提供技术条件，克服组织能力惯性，为新业务的开发提供资源支持。此外，数字技术能够消除组织内部的冗余层级，促进自组织的建立与运行，给企业带来更加灵活的创新管理机制，为数字创业战略的实施提供组织支持。

与组织发展的互联网化不同，信息化强调通过信息系统将企业内部运行流程进行重新规范，用信息系统去管理人员与业务。相比之下，互联网化更加侧重于对互联网的外部链接与社交属性方面的利用，是通过互联网平台对商业流程中的某个价值链进行替换和创造的活动。而企业数字化是指利用数字技术实现企业内部、外部以及各个环节之间的链接，将实体资源数字化，以数据的共享为主线，重构企业的模式、流程，把企业的新旧业务迁移到网络环境下完成，使企业的运营效率与数字价值获得明显提升和增长。因此，数字技术的深度应用有利于企业对现有资源进行数字价值的创造，推进数字产品升级并拓展数字服务，更好地满足用户的多样化需求。

（二）高管团队数字注意力

管理认知能力包含注意力、感知和推理等心智活动[8]，其中注意力是组织内部的稀缺资源。在进行数字化转型战略决策时，高管团队对数字化转型战略投入的注意力会影响管理层采取何种方式去诠释企业数字化转型战略的实施意义。数字决策的效果取决于管理者，尤其是高层管理者的聚焦与相应行动。[9]有研究发现，高管团队的数字注意力将引发组织围绕此议题投入更多的关注和参与，推进组织、团队和员工个体层面构建数字意义，推动企业战略更新的进程。[10]

从空间上研究，高管团队数字注意力可以分为内部数字注意力和外部数字注意力。内部数字注意力关注于内部数字资源等；外部数字注意力关注于组织如何从外部机构获取数字资源、数字机会来进行数字化建设。当企业内部拥有广泛的人才、技术、资源，能够进行独立自主的数字化转型时，高管团队就会将注意力集中在内部。相反，当企业无法独立完成数字化转型时，高管团队会更多关注于寻求外部数字平台的合作赋能。事实上，管理者外部与内部的注意力并非矛盾的两个方面。张昊等的研究表明，一种注意力的增强并不代表另一种注意力的削弱，二者具有双元共进相互独立的属性。[11]一般而言，管理者注意力可以分为注意、解读和行动三个维度[8]。首先，高管团队会对有关数字化建设的信息进行收集，通过第三方咨询顾问的帮助，选择性地关注并筛选数字信息；其次，对筛选后的数字信息进行解读，并赋予它符合组织发展的数字意义；最后，综合对信息的解读，采取数字化转型战略行动。因此，高管团队的数字注意力可以视为一种社会技术，能够为公司数字创业能力的提升提供关系保障。

（三）信息强度

信息强度反映了组织在开展业务过程中所需要处理的信息量。[12]由于计算机技术既可以方便地对组织内外的海量业务信息进行大数据统计和用户画像分析，又可以为组织开发的实验产品进行内容上的分析，所以行业中存在的信息强度与数字技术的运用效果高度关联。高度不确定性的竞争环境使信息资源更加稀缺和具有价值。在组织提供的产品或服务价值链环节上所需要的信息需求量越大，信息强度越高，越能凸显对内外信息收集、分析与整合的必要性，越可以有效发挥数字技术优势。组织所需要的信息强度越高，它凭借知识管理平台就能将越多的信息转化为有价值的知识进行运用。在高信息强度的行业中，在产品或服务上的信息强度越高，对信息的挖掘和使用越有利，越能够促使企业快速响应市场。

四　驱动公司数字创业能力形成的必要性假设

（一）NCA 方法的基本原理

NCA（必要条件分析）方法是近年来在管理学领域新兴的因果关系分析方法。必要性和充分性被视为证明因果关系的两个相互补充的要素[13]，每一要素都有各自的技术解决路线。例如，必要条件适合 NCA，充分条件使用回归或皮尔森相关分析。必要条件是指实现某一结果所需的条件，没有该条件的存在则结果不成立。由于前因条件的性质不同，必要条件可以分为二分必要条件（0/1）、离散必要条件（高中低）与连续必要条件（0~1）。NCA 方法已成为对传统回归方法的有力补充，该方法的优势在于能够摆脱完整模型的限制（考虑变量的完整性），可以独立检验必要条件与结果变量间的因果效应，并且能够实现对某种特定结构所需要条件的差异化程度进行定量检验。NCA 方法的检验流程包括校准变量、绘制散点图、计算效应值、绘制瓶颈表。

（二）必要条件研究假设

数字技术作为现代企业的一种全新生产要素，提升了组织和内部员工进行信息搜寻、连接与分析的能力。在为内部和外部的跨界合作学习提供技术支持，加快企业新知识的更新与升级的同时，推动了异质性知识的转播与融合。[14] 首先，数字技术对数字知识与数字资源交流与共享的促进作用提升了企业的自我进化能力，有利于企业不断突破组织惯例，为探索式的创新能力形成创造了条件。其次，数字技术对组织结构的颠覆性作用[15]，有效消除了组织层级结构的刚性与冗余弊端，为内部团队组建创新自组织提供了便利。最后，数字技术为企业的数字生态网络构架奠定了技术基础，为用户、供应商甚至是竞争者提供了多主体价值共创的物理平台，增强了它们开发数字机会的能力。由此提出以下假设：

　　　　H1：数字企业中，数字技术是提高公司数字创业能力的必要条件。

　　与物理属性的数字技术对公司数字创业能力的影响路径不同，社会技术协调的对象是人。高管团队的数字注意力作为一种社会技术手段，通过对组织的工作重心设定数字意义，营造数字创新活动的可观前景和激励机制来增强员工对数字创业活动的参与和支持。在数字创业过程中往往需要投入组织内部的各类资源，高层管理团队通过对数字创业活动所必需的组织资源和社会资源进行配置和获取来影响企业的数字创业活动。Yadav 等的研究就发现，高管团队的注意力能够影响组织对新机会的开发。[16] Eggers 和 Kaplan 的研究也证实，CEO 将注意力聚焦于新技术的采用将加速企业进行跨界经营。[17] 因此，高管团队的支持是采用数字技术、构建数字创业能力的关键因素。组织变革前的准备是企业考虑学习利用新技术的能力和意愿，在传统大型企业的数字化转型过程中，组织变革前的准备至关重要。因此，有研究发现组织变革前的高管团队数字注意力是实施数字技术赋能新业务的先决条件[18]。企业注意力基础观同样指出，高管团队的注意力影响企业的战略行为，具体表现在决策执行的响应速度方面。[19] 因此，公司数字创业能力的形成离不开高管团队数字注意力的持续投入，以使数字创业活动克服组织惯例，更好地适应外部环境变化，促进企业数字业务的持续增长。由此提出以下假设：

　　　　H2：数字企业中，高管团队数字注意力是提高公司数字创业能力的必要条件。

　　在数字化转型过程中，组织的运营价值链所需要的信息强度反映了企业所需要以及产生的信息量。高强度的信息能够使组织基于数字技术对更多的信息数据进行开发利用并将之转换为具有数字价值的机会。高强度的信息能够使组织有效发挥数字技术优势，建立更敏捷的信息反馈机制，能够快速组织项目小组进行创新原型的设计与开发，加快产品和服务的修正，更高效地响应市场和客户。因此，组织的信息强度是培养公司数字创业能力的基础，由此提出以下假设：

H3：数字企业中，信息强度是提高公司数字创业能力的必要条件。

五 创业教育中提升公司数字创业能力的策略

（一）丰富创业教育体系，营造良好的数字创业能力培养环境

在政府层面，应该加强包含数字基础设施与数字营商环境的数字生态建设，积极出台数字技术与数字产业扶持政策，支持工科类大学生从事计算机相关的高科技创业活动。政府可以积极协调高校与数字化转型企业间的合作，制定相应的法规加强对数字企业创新与创业活动的引导，使企业领导者关注到数字化建设的重要性，并采用实际战略行动，加速企业转型升级。

在高校层面，应加强对数字创业教育环境的营造。数字创业教育环境的营造对数字创业能力培养意义重大，通过打造数字创业课程体系、数字创业实践实训竞赛等，培养跨学科创业人才，为企业和社会培育并输出数字技术型与创新型人才。

（二）打造提升公司数字创业能力的实践平台

数字创业实践平台是全方位提升并检验数字创业能力的最有效空间。要在基础知识与创业教育课程学习任务完成后，鼓励并提供机会给具有数字化思维、数字化技能的学生亲身体验或参与数字企业的工作任务。不仅如此，还要重视数字化转型企业内部员工的数字职业教育与创业教育，使有意愿提升能力的员工也能在数字创业实践平台中找到自己的职业结合点，提升相关数字能力。此外，重视大数据技术与行业发展的融合，连接信息资源和相关人员，即将数字平台企业、孵化器、科技园和高校进行连接，创造更多的数字创业机会，争取数字创业专项资金扶持，为实践平台的有效运行提供支持。

（三） 创建提升数字创业能力的教育组织体系

在学校已有创业教育组织中设立数字创业单元，发挥校内理工学科尤其是计算机学院、人工智能学院的学科优势，聘请跨学科教师普及基础数字思维和前沿数字技术。推行双导师制，聘请校外数字企业工程师、产品经理等讲解最前沿的数字成果转化与数字商业模式，搭建校企合作联盟，与数字企业展开全面合作，建立产学研共同体。此外，要充分发挥学生创业社团的兴趣引领作用，通过学生团体引导数字创业人才参与到数字创业的实践中。

六　研究结论与未来研究展望

（一） 研究结论

公司数字创业能力是以利用数字技术为基础，创造和攫取新的数字创业机会，以获取、维持或强化竞争优势的能力。公司数字创业能力包括分析性、反应性、网络性、可视性、治理性五个内容维度。数字技术、高管团队数字注意力和信息强度是公司数字创业能力形成的必要条件。

（二） 未来研究展望

首先，未来研究可以构建更加全面的公司数字创业能力概念体系，开发相应的数字创业能力量表，进一步研究数字原生企业和数字化转型企业创业能力在企业中的作用。其次，深入研究公司数字创业能力与数字创业结果之间的关系。最后，应该尝试采用更加多样、混合的方法来研究公司数字创业能力的形成过程，如本文提出了公司数字创业能力形成的必要条件，未来可以采用必要性检验的方法来研究公司数字创业能力形成的结果。

参考文献

［1］朱秀梅，刘月，陈海涛. 数字创业：要素及内核生成机制研究［J］. 外国

经济与管理，2020（4）：19-35.

［2］陈建安，李双亮，陈武.员工内部创业：前沿探析与展望［J］.外国经济与管理，2021（4）：136-152.

［3］蒋春燕，孙秀丽.公司创业研究综述［J］.中大管理研究，2013（1）：50-78.

［4］周文辉，孙杰.创业孵化平台数字化动态能力构建［J］.科学学研究，2020（11）：2040-2047+2067.

［5］庄彩云，陈国宏，梁娟，等.互联网能力、双元战略柔性与知识创造绩效［J］.科学学研究，2020（10）：1837-1846+1910.

［6］Khin S, Ho T. Digital technology, digital capability and organizational performance：A mediating role of digital innovation［J］. *International Journal of Innovation Science*, 2019, 19（2）：177-195.

［7］Ghosh S, Hughes M, Hughes P, Hodgkinson I. Corporate digital entrepreneurship：Leveraging industrial internet of things and emerging technologies［M］// *Digital Entrepreneurship：Impact on Business and Society*. Springer：Cham, Switzerland, 183-207.

［8］卫武，黄昌洋.管理者注意力的维度构成及形成机制研究［J］.管理现代化，2018（1）：76-78.

［9］吴言波，邵云飞，殷俊杰.管理者注意力和外部知识搜索调节作用下失败学习对突破性创新的影响研究［J］.管理学报，2021（9）：1344-1353.

［10］Levy O. The influence of top management team attention patterns on global strategic posture of firms［J］. *Journal of Organizational Behavior*, 2005, 26（7）：797-819.

［11］张昊，王世权，辛冲.国有企业 CEO 注意力对产品创新影响的研究［J］.管理学报，2014（12）：1798-1805.

［12］Neirotti P, Pesce D. ICT-based innovation and its competitive outcome：The role of information intensity［J］. *European Journal of Innovation Management*, 2018, 22（2）：383-404.

［13］李辉.必要条件分析方法的介绍与应用：一个研究实例［J］.中国人力资源开发，2017（6）：64-74.

［14］温湖炜，王圣云.数字技术应用对企业创新的影响研究［J］.科研管理，2022（4）：66-74.

［15］Yoo Y, Boland Jr R J, Lyytinen K, Majchrzak A. Organizing for innovation in the digitized world［J］. *Organization Science*, 2012, 23（5）：1398-1408.

［16］ Yadav M S，Prabhu J C，Chandy R K. Managing the future：CEO attention and innovation outcomes ［J］. *Journal of Marketing*，2007，71（4）：84-101.

［17］ Eggers J P，Kaplan S. Cognition and renewal：Comparing CEO and organizational effects on incumbent adaptation to technical change ［J］. *Organization Science*，2009，20：461-477.

［18］ Mikalef P，Boura M，Lekakos G，Krogstie J. The role of information governance in big data analytics driven innovation ［J］. *Information & Management*，2020，57（7）：103361

［19］ 刘景江，王文星. 管理者注意力研究：一个最新综述 ［J］. 浙江大学学报（人文社会科学版），2014（2）：78-87.

Corporate Digital Entrepreneurial Capability：Conceptual Framework，Influencing Factors and Necessary Conditions

Xu Guangping，*Zhang Min*，*Cui Xueliang*

Abstract：The corporate digital entrepreneurial capability is the ability to create and seize new digital entrepreneurial opportunities based on the use of digital technology to obtain，maintain or enhance competitive advantage. The development of the digital entrepreneurial capabilities is an important part of meeting the digital transformation. It has important strategic significance for accelerating the development of digital economy，building a digital China，and improving the efficiency of scientific and technological innovation and the core competitiveness of the industry. Based on the attributes of digital technology，this paper proposes a conceptual framework for corporate digital entrepreneurship capability，analyzes the necessary conditions for the formation of corporate digital entrepreneurship capability，and proposes strategies to improve corporate digital entrepreneurship capability.

Keywords：Digital Entrepreneurship；Digital Technology；Digital Attention；Information Intensity

关于构建长春市科技创新投资
引导基金的主要模式研究

——从地方政府视角

韩　雪　朱鹏程

【摘　　要】随着国家创新驱动发展战略不断深入，地方政府积极引导各类创新主体开展科技创新及科技成果转化。近年来，长春市积极探索建立科技创新投资引导基金。本文通过实地调研、文献分析等方法，对杭州、合肥、天津等地区科技创新投资的模式进行了分析，并归纳总结了各地科技创新投资引导基金的模式及特征，提出了长春市科技创新投资引导基金的模式及路径，为长春市设立科技创新投资引导基金奠定了理论基础和提供了实践参考。

【关 键 词】地方政府　投资引导基金　科技创新　长春

一　科技创新投资引导基金的含义及发展背景

（一）科技创新投资引导基金的含义

科技创新投资引导基金指由各级政府单独出资设立或带动社会资本共同设立的，通过投资于股权投资基金和创业投资基金，支持当地相关产业发展、科技创业企业发展的基金。[1] 投资引导基金设立的主要目标是高效利用财政资

【作者简介】韩雪，女，吉林长春人，吉林大学会计专业硕士研究生，吉林工商学院会计学院财务管理教研室副主任，研究方向为财务管理、创新创业。朱鹏程，男，黑龙江齐哈尔人，吉林大学工商管理硕士，长春市发展和改革委员会工作人员。

金，撬动社会资本，扶持当地产业，推动当地高新技术企业的发展。

（二）科技创新投资引导基金的运营模式

科技创新投资引导基金属于一种政策性基金，由政府出资设立并按市场化方式运作。充分发挥财政资金的杠杆作用，引导社会资本参与创新创业投资，为创业企业更好地融资纾困。与通常商业属性较强的投资基金不同，科技创新投资引导基金一般是由政府牵头，联合多个机构，为创业企业提供多角度的支持和服务，可以适度地向企业让利，在考虑经济价值的同时，也注重地方产业发展及社会效益。

（三）科技创新投资引导基金的基本情况

截至 2020 年 7 月，国内的政府投资引导基金共 1349 只，政府投资引导基金的总规模达 21452 亿元，政府投资引导基金母子基金群总规模约为 93958 亿元。从结构来看，政府投资引导基金以市级投资引导基金为主，市级的政府投资引导基金数量总共为 688 只，占比为 51.00%。从区域来看，华东地区基金数量和规模均居全国首位；华北地区基金数量和规模位于全国第二；华南地区基金数量和规模居全国第三。

二　各地科技创新投资的基本情况及模式

（一）杭州科技创新投资模式

1. 基本情况

杭州市高科技投资有限公司（简称"杭高投"）是杭州市政府授权杭州市财政局出资，与杭州市科技局共同打造的综合性国有投融资公司。杭高投成立于 2000 年，注册资本 27 亿元，下设基金管理公司、融资性担保公司、创投服务中心等全资子公司，在美国硅谷设有投资基金及孵化器公司。

2. 运营模式

杭州市积极实施"政府引导、市场决定、专业管理"的运作机制，以杭高投为科技创新投资的执行抓手，构建了"创投引导基金+天使投资引导基金"基金群体系，以政府投资引导基金为主，以直接投资基金为辅。同时，搭建了"政策性科技担保+科创基金群+科技型中小企业融资周转资金+杭州硅谷孵化器+杭州硅谷系统创新中心+创业投资服务中心"的科技创新生态服务圈。

3. 主要特点

一是撬动社会资本的比例高。杭高投先后与深创投、德同资本、赛伯乐投资、华睿投资等国内外知名创投机构合作设立基金 167 只，财政资金的放大倍数达 5.9 倍，累计引导社会资本投入 249.7 亿元。二是客观合理的考评机制。杭高投采用"风险容忍、市场运作、收益让渡、协议退出"的效益与风险测评机制，有利于激发团队拓展业务的主观能动性；有利于吸引社会资本参与投资引导基金的业务；有利于降低被投企业的融资成本，促进企业平稳发展。三是投融资服务体系全面。公司与近 20 家金融机构开展战略合作，为科创企业提供风险投资、创投基金、融资担保、初创企业培育、海外孵化招商等一揽子科创服务。四是专业化运营团队。公司由专业市场化团队运营，目前拥有国内员工 76 人、国外员工 8 人，其中海外留学人员比例达到 23%，研究生学历人员比例达到 42%。

（二）合肥科技创新投资模式

1. 基本情况

合肥市建设投资控股集团（简称"合肥建投"）及合肥市产业投资控股集团（简称"合肥产投"）为合肥市国资委的两大平台公司。合肥建投设立于 2006 年 6 月，注册资本 132.98 亿元，是经市政府批准、市国资委授权经营的国有独资公司，重点在于为合肥市引入了京东方等大型项目。合肥产投注册资本 152.8 亿元，截至 2020 年底，资产总额为 616 亿元，净资产 247 亿元，定位为产业投融资和创新推进的国有资本运营公司。

2. 运营模式

合肥市重点依托合肥产投围绕综合性国家科学中心建设，着力解决科技资源"碎片化问题"，消除科技领域的"孤岛效应"，探索国有资本驱动科技创新的产投路径，开展科创领域资本投入，立足产业发展、提升管理水平，基本形成"产业平台+创新平台+开放平台+资本平台"运营模式。

3. 主要特点

一是聚焦新产业。合肥市按照"芯屏汽合""集终生智"产业主线，重点投资晶圆基地、蔚来汽车、中国声谷等一批新产业重点项目，推动产业转型升级。二是充分运用"基金+"模式，探索国有资本驱动科技创新的产投路径。以"基金+产业""基金+基地"模式，高效运营天使投资基金、创投引导基金、科创基金等多只政府投资引导基金及产业基金。围绕上述产业，构建了覆盖企业种子期、初创期、成长期、成熟期等全生命周期的产投系基金群，总规模突破 680 亿元。三是打造"1+N"的天使投资基金群。由市财政通过合肥产投出资"1"作为引导基金，由区县财政出资"N"，共同组建多只子基金，构建多级政府参与的"1+N"基金群。四是实行客观合理的考评机制。合肥产投也采用"风险容忍、市场运作、收益让渡、协议退出"的效益与风险测评机制，把基金收益分享给创业团队，同时出台"六项机制"以实施容错纠错工作，基金投资团队有最高 30% 的投资损失容错率，从而相对提高了创投引导基金的引导效率和创新产业的发展速度。五是突出产学研合作。由合肥产投出资打造合肥科创集团，整合合肥市 26 个科技创新平台的资源，切实推进科技成果转移转化，实现合肥市科技创新平台的"自我造血"，推进了综合性国家科学中心和科技创新策源城市建设。

（三）天津科技创新投资模式

1. 基本情况

2019 年末，天津市将主要承担全市科技金融工作任务的天津市创业投资发展中心（天津市科技金融发展中心）以及其他 5 家公益二类事业单位并入北方技术交易市场，并将之更名为天津市科技创新发展中心，内设的科技金融部承担了天津市创业投资发展中心的所有业务。

随着天津市创业投资发展中心并入天津市科技创新发展中心，前者持股的天津科技融资控股集团有限公司、天津创业投资有限公司、天津科创天使投资有限公司、天津科融担保有限公司的股东相应变更为后者。同时，市科技局将下属公益一类事业单位天津市高新技术成果转化中心的科技金融相关业务及持有的天津科技小额贷款有限公司的股权划转到天津市科技创新发展中心。

创新发展中心整合了市科技局原下属事业单位的所有科技金融业务及科技金融企业，形成了科技金融资源的聚合效应。目前，创新发展中心及其下属独资控股的天津科技融资控股集团有限公司、天津创业投资有限公司、天津科创天使投资有限公司、天津科融担保有限公司、天津科技小额贷款有限公司5家科技金融企业有分工、有合作，形成了由市科技局领导、由创新发展中心管理的包括股权、债权、中介业务等在内的较为完善的科技金融服务体系。

2. 运营模式

天津市科创工作以市科技局为核心，以市场化运营为手段，打造了"科技风险投资资金+天使投资引导基金+创业投资引导基金+高成长初创科技型企业专项投资资金+京津冀科技成果转化基金+科技型企业政策性担保资金+科技小额贷款+全市科技金融管理与服务"的全链条科技金融服务体系。

3. 主要特点

一是资源整合、管理系统、体系完善。将分散在各机构的科创投融资资源整合到天津市科技创新发展中心，并由市科技局统一领导管理，形成了管理集中、运作规范、效果突出的科技创新金融服务体系。二是财政支持力度大。天津市是全国首批促进科技和金融结合试点地区，科技经费位于全国前列；自2015年开始，相继出台了天使投资引导基金、创业投资引导基金、产业并购引导基金管理办法，分别安排财政资金5亿元、10亿元、5亿元，通过政府参股、市场化运作的方式，引导社会资本投向科技型企业。三是注重基金的市场化运营。天津市科技金融发展中心通过财政投入的投资引导基金联合第三方专业团队按照市场化模式为政府及创新创业主体提供服务，并对基金采用市场化的考核方式，对政府出资部分不以短期收益为主要考核指标，重在利用市场化机制发挥引导效应、扶持效应及推广效应。

三　政府科技创新投资引导基金发展趋势

以杭州、天津、合肥三地为例分析表明，科技创新投资引导基金持续完善自身治理体系，张弛有度地处理与普通合伙人和有限合伙人的关系，采用市场化的方式实现自身政策目标，主要在以下几个方面开展相关探索。

（一）投资引导基金自身发展方面

精简管理层级、下放审批权限。选择适合自身所在地域的投资领域与投资方式。探索引导基金受托管理机构尽职免责与激励机制。推行全过程绩效管理。

（二）投资引导基金与普通合伙人的关系

加强与熟悉当地投资环境的普通合伙人合作，放宽"双落地"要求。根据市场情况灵活调整出资比例限制，放宽反投比例、反投认定要求。更加强调招商引资的重要性；子基金规范化、精细化管理要求提升。

（三）投资引导基金与有限合伙人的关系

探寻与市场化有限合伙人利益一致的途径，根据当地发展需求建立多样化的让利、返利机制。

四　长春市科技投融资的基本现状及主要问题

（一）总体情况

目前长春市域内主要的科技投资机构和投资人情况如下。

1. 长春市科技发展中心有限公司

公司成立于 1997 年，现注册资本为 3 亿元，原出资单位为市科技局，是长春市、吉林省乃至东北第一家天使投资、风险投资机构。2018 年，按照市政府决策划转至市国资委，现由市国投集团管理。公司累计投资奥来德光电、吉大正元、希达电子、长春科技风险投资有限公司、中俄科技园、吉林省光电子产业孵化器等 66 家企业、平台，在投企业 45 户，投资额 3 亿元。其中，奥来德光电在科创板上市，吉大正元在中小板上市，中研高塑、希达电子正在做上市准备。

2. 长春科技风险投资有限公司

公司成立于 2000 年，注册资本 1.9 亿元，隶属于长春高新创投集团。目前在投企业 36 户，投资额 2 亿元。多年来，该公司一直与长春市科技发展中心有限公司联合投资，以分散投资风险。

3. 吉林省科技投资基金有限公司

公司成立于 2009 年，隶属于省财政厅管理的吉林省投资集团有限公司，是省属主要天使投资机构。目前，受托管理 2014 年设立的吉林省科技风险投资基金和 2015 年设立的吉林省高校产学研引导基金，投资早期项目。其中，科技风险投资基金，资金规模 8.8 亿元，累计投资 66 个项目，累计投入资金 7.58 亿元；高校产学研引导基金，资金规模 8 亿元，累计投资 65 个项目，累计投入资金 5.76 亿元。[2]

4. 吉林省"两所五校"科技成果转化基金

由吉林省政府于 2016 年设立，由吉林省财政厅管理的吉林省中小企业和民营经济发展基金管理中心与中科院长春光机所、中科院长春应化所、吉林大学、东北师范大学、长春理工大学、长春工业大学、东北电力大学共同出资成立。基金主要面向这两所五校，进行股权投资，支持两所五校科技成果转化，两所五校分别成立基金管理公司，负责本单位项目投资决策和投后管理。五年共投资了十余个项目，其中中科院长春光机所投资了长光圆辰、长光科英等五家企业，投入资金 1.56 亿元。

5. 吉林吉大控股有限公司

公司成立于 1985 年，注册资本 1 亿元，由吉林大学全资控股。目前，按照教育部要求正在办理划转给长春高新创投集团的有关手续。

6. 吉林中科科技成果转化创业投资合伙企业（有限合伙）

企业成立于 2018 年，注册资本 5 亿元，由中科院所属的中科院创业投资管理有限公司发起设立并负责管理，长春市财政局所属的长春股权投资基金管理有限公司是其发起股东。已投资长春中科长光时空光电技术有限公司等数家企业。

7. 吉林省集成创业投资种子基金（有限合伙）

基金成立于 2015 年，基金规模 3010 万元，由北京科慧创业投资基金管理有限公司负责管理。投资了吉林省福斯匹克科技有限责任公司、长春海谱润斯科技有限公司、长春易加科技有限公司 3 家企业。

8. 天使投资人刘春生

刘春生是摆渡创新工场董事长，长春市著名天使投资人。2014 年创办摆渡创新工场，提供"天使投资、创投咖啡、创客空间、创业传媒、创业培训、技术转移、创业咨询、创业财务、网络协同"九大创业服务，投资创业项目 50 多个，投资额达 2.1 亿元，孵化创业企业近 200 家。

（二）存在的问题

综合上述情况，通过研判发现，长春市投融资存在的主要问题是科技类投融资机构数量少，科技天使投资类机构更少。目前，长春市从事科技投资业务的机构仅有 7 家，其中市属 2 家、省属 2 家、部属 2 家、民营 1 家，科技类投资基金数量少，规模小，主要原因如下。

一是政府投资引导力度不足。近些年，先进地区纷纷出台政策，鼓励、引导、支持天使投资发展，为天使投资发展营造了良好的政策环境，而长春市科技投融资政策体系还不健全、支持力度不大。目前，长春市财政资金引导社会资金的比例仅为 1：1。而杭州市政府出资 40 亿元成立投资引导基金，撬动了 200 多亿元社会资本，基金总规模超 250 亿元，财政资金引导社会资本的比例为 1：5.7，有 42 家被投企业上市。天津财政出资组建的一级天使投资基金引导社会资本的比例为 1：4.58，二级子基金引导社会资本的比例为 1：18。与杭州、天津相比，长春市科技投融资回报周期长，风险大，没有免责政策，回报水平较低，财政资金的杠杆效应更不明显。

二是体制机制不灵活。由于缺少针对科技创新投融资服务的政策指导体系，部分国有资产管理办法与科创金融服务实际发展状况不相匹配，尤其是科创金融投资周期长，相对于投资成熟期企业风险较大，且国资管理体系下要求国有企业对国有资本具有保值增值义务，并以年度利润作为重要考核指标。因此，在没有单独的科创金融服务政策指导下，原有的国资管理体系与科创金融服务实际发展情况不匹配，无法实现国有资本对科技创新的推动。

三是科技创新投融资生态不完备。缺少政府高位统筹的科技创新投融资平台，没有整合各个部门科技创新投融资的资源，各部门下属的涉及科技创新投资的机构各自为政现象严重。较先进地区，长春市创新创业氛围不浓，创业团队、创业企业少，对科技创新投融资企业的吸引力不足；战略性新兴产业规模小，产业链不全，创业企业发展环境差；优质项目少，管理成本高，回报率低，域内外机构投资意愿弱；平台、网络不完善，创业者找不到投资资金，投资者也找不到创业项目，没有形成投资、创业生态圈。

五　意见和建议

（一）需要着重考量的问题

成立长春市科技创新投资引导基金时可重点关注以下问题。

1. 明确职能定位

国有资本作为落实政府决策及经济职能的工具，具有政府企业化的社会职能，而私有资本的本质是以营利为根本目的，故在风险投资方面存在天然的矛盾，需要在实际运营过程中去探索解决。

2. 厘清政策要求

目前，国家对国有资本管理较为严格，作为国家资产，普遍具有保值增值考核要求，以"稳健"作为其投资指导原则之一。风险投资产业的不确定性较强，在行业与政策要求具有一定矛盾的情况下，如何设置满足政策需求的考核标准需要着重考量

3. 优化投资体制

资金资本的快速有效流转是投资产业发展的重要因素之一，国有资本往往在投资时需要向上级部门报备，核准、审批等要求过多，流动性和及时性相对较弱，同时国有资本长期以来存在的投资主体缺位、人力资源与管理能力欠缺等弊端也是需要注意的问题。

4. 活化管理体制

基金运营需要专业的管理团队与完善的激励和管理制度。为打造畅通的业务通路，可考虑减少管理层级，适度将审批权下放。根据长春区位特点、产业结构、资源禀赋以及发展方向，探索适合地域特征的投向领域与投资模式。为

激发基金投资积极性，可考虑研究设置投资引导基金受托管理机构的尽职免责机制和激励机制。

（二）相关建议

1. 注重战略引领，加强顶层设计

通过调研发现，杭州、合肥和天津三地都把科技创新生态体系建设放在区域经济发展的战略高度，依托当地资源禀赋和市场化发展基础，科学选择产业方向，顶层设计投资模式。通过政府的持续投入和积累，目前都逐步进入了创新成果收获期，取得了较为可观的经济和社会发展成果，为各自的转型发展奠定了较为坚实的基础，各自形成了较为成熟的体系，积累了较多成功的经验。产业链和创新链逐步清晰并开始加速融合，协同性、拓展性、辐射性、融合性、衍生性、聚合性等科技创新的正效应逐步显现，政府引领、各方参与的科技创新生态体系逐步显效。

2. 注重财政资金投入，撬动社会资本涌入

在构建科技创新体系和开展科技金融服务的过程中，政府以及科技主管部门、创投平台企业在科技创新的前端发挥了重要的体系建构、资金引导和全流程服务作用。为培育科技初创型企业，杭州、合肥、天津三地的财政资金和国有资本都承担了一定的风险，但当地政府肯于投入、肯于让利，为长远利益和全局利益牺牲短期利益和局部利益，从而汇聚各方社会资源，调动资本、创新技术融入本地发展的积极性，共同营造创新生态。通过三地实践逐步证明，政府的这种早期投入，只要沿着各自选定的产业方向持之以恒、持续投入、广种薄收，最终无论是在社会效益上还是在经济效益上都能取得丰硕成果。

3. 建立科创投融资平台，打造科创金融生态圈

三地都组建专业的科技创新投融资平台企业，将分散在各国有企业的科创资金整合至统一管理的平台下，有利于集中力量扶持本地科技创新力量壮大，服务地方政府经济及产业发展规划，加速推动地方经济转型升级；有利于发挥财政资金的放大效应，实现财政资金的"四两拨千斤"效果；有利于规避财政资金用于风险投资产生的损失，保障财政资金的安全；有利于本地科技创新生态系统持久、稳定地发展。

4. 采用市场化方式运营，尊重科创基金运作规律

当政府在科技创新体系构建过程中发挥了顶层设计的引领作用时，相关参与各方能够遵循市场规律、按照市场法则开展市场化的运营，让市场这只"看不见的手"进一步发挥配置资源的作用，实现政府和市场的良性互动，是科技创新工作能够持续健康发展的关键，也是科技创新生态健康演进的实现途径。[3]

5. 市区县多级联动，构建科技创新大生态圈

借鉴合肥创新产业发展经验，以市级科创投资平台为市级科技创新投资引导基金的出资主体，根据项目落位区域及各区县产业发展规划，组建多只科创子基金及产业子基金，由多级政府联动，从财政资金、招商政策、科创服务多维度共建科技创新大生态圈。

参考文献

［1］李嘉如，曹雨欣. 政府引导基金风险偏好类型的比较考察——以广州和深圳为例［J］. 中国市场，2021（14）：47-50.

［2］任春玲. 完善吉林省科技金融风险控制机制——基于地方政府视角［J］. 长春金融高等专科学校学报，2017（2）：48-52.

［3］盘颖，张莹，张静. 广东省创业投资行业研究：现状与前瞻［J］. 科技创业月刊，2021，34（1）：144-148.

Study on Major Models of Constructing Investment Guidance Fund for Science and Technology Innovation in Changchun
—From the Perspective of Local Government

Han Xue, *Zhu Pengcheng*

Abstract: With the deepening of the national innovation-driven derelopment strategy, the local government actively guides all kinds of innovative subjects to carry out scientific and technological innovation and continuously strengthens the transformation of scientific and technological achievements. In recent years, Changchun has actively explored and established the investment guidance fund for scientific and technological innovation. This paper analyzed the mode of scientific and technological innovation investment in Hangzhou, Hefei, Tianjin, summarized the mode and characteristics of the investment guidance fund for scientific and technological innovation in various regions, and proposed the mode and path of the investment guidance fund for scientific and technological innovation in Changchun, which provides the theoretical basis and practical reference for the establishment of investment guidance fund for scientific and technological innovation in Changchun.

Keywords: Local Government; Investment Guidance Fund; Science and Technology Innovation; Changchun

图书在版编目（CIP）数据

创新与创业教育研究. 2023年. 第1期 / 张金山主编
. -- 北京：社会科学文献出版社，2023.6
　ISBN 978-7-5228-1922-8

　Ⅰ.①创… 　Ⅱ.①张… 　Ⅲ.①大学生-创业-研究
Ⅳ.①G647.38

　中国国家版本馆 CIP 数据核字（2023）第106199号

创新与创业教育研究 2023年第1期

主　　编 / 张金山

出 版 人 / 王利民
组稿编辑 / 恽　薇
责任编辑 / 田　康
责任印制 / 王京美

出　　版 / 社会科学文献出版社
　　　　　地址：北京市北三环中路甲29号院华龙大厦　邮编：100029
　　　　　网址：www.ssap.com.cn
发　　行 / 社会科学文献出版社（010）59367028
印　　装 / 三河市龙林印务有限公司

规　　格 / 开　本：787mm×1092mm　1/16
　　　　　印　张：9.75　字　数：158千字
版　　次 / 2023年6月第1版　2023年6月第1次印刷
书　　号 / ISBN 978-7-5228-1922-8
定　　价 / 89.00元

读者服务电话：4008918866